Religião e ciência

Coleção **TEMAS DO** *Ensino Religioso*

I. Pressupostos

1. Ensino Religioso: construção de uma proposta – João Décio Passos
2. Ensino religioso: aspectos legal e curricular – Sérgio Rogério Azevedo Junqueira, Rosa Lydia Teixeira Correa, Ângela Maria Ribeiro Holanda
3. Religião & Educação: da Ciência da Religião ao Ensino Religioso – Afonso M. L. Soares
4. Sociologia da religião: introdução às teorias sociológicas sobre o fenômeno religioso – Agemir de Carvalho Dias
5. Religião e Ciência – Eduardo R. da Cruz

II. Questões Fundamentais

1. Ritos: expressões e propriedades – Maria Angela Vilhena
2. Como a religião se organiza: tipos e processos – João Décio Passos

III. Tradições Religiosas

1. Pentecostais: origens e começo – João Décio Passos
2. Novos movimentos religiosos: o quadro brasileiro – Silas Guerriero
3. Espiritismos: limiares entre a vida e a morte – Maria Angela Vilhena

IV. Temas Contemporâneos

1. Pluralismo religioso: as religiões no mundo atual – Wagner Lopes Sanchez
2. O uso de símbolos: sugestões para a sala de aula – Maria Celina Cabrera Nasser
3. Fundamentalismos: matrizes, presenças e inquietações – Pedro Lima Vasconcellos

Eduardo R. da Cruz

Religião e ciência

Dados Internacionais de Catalogação na Publicação (CIP)
(Câmara Brasileira do Livro, SP, Brasil)

Cruz, Eduardo R. da
Religião e ciência / Eduardo R. da Cruz. – São Paulo : Paulinas, 2014. – (Coleção temas do ensino religioso)

Bibliografia.
ISBN 978-85-356-3699-4

1. Religião e ciência I. Título. II. Série.

13-13975 CDD-215

Índice para catálogo sistemático:
1. Religião e ciência 215

A coleção *Temas do Ensino Religioso* é uma iniciativa
do Departamento de Ciência da Religião da Faculdade de Ciências Sociais da PUC-SP

Direção-geral: *Bernadete Boff*
Editores: *Luzia M. de Oliveira Sena*
Afonso M. L. Soares
Copidesque: *Mônica Elaine G. S. da Costa*
Coordenação de revisão: *Marina Mendonça*
Revisão: *Sandra Sinzato*
Gerente de produção: *Felício Calegaro Neto*
Editoração eletrônica: *Jéssica Diniz Souza*

1ª edição – 2014

Paulinas

Rua Dona Inácia Uchoa, 62
04110-020 – São Paulo – SP (Brasil)
Tel.: (11) 2125-3500
http://www.paulinas.org.br
editora@paulinas.com.br
Telemarketing e SAC: 0800-7010081

SUMÁRIO

Apresentação

Este livro do prof. Eduardo Rodrigues da Cruz enriquece a Coleção *Temas do Ensino Religioso* com um texto bem documentado e didaticamente concebido. Alocada na seção *Pressupostos*,[1] a obra assume o desafio de familiarizar o docente de ensino religioso com as discussões e consensos que fazem parte do cotidiano de seus colegas de física, matemática, química e biologia. Se for verdade que muitas objeções feitas à religião por neoateus e agnósticos revelam um nível de informação similar ao dos catecismos infantis, também é de supor que, nem sempre, o método científico seja entendido de forma correta por colegas dedicados ao estudo das tradições religiosas, sendo confundido, em seu anseio por objetividade e rigor, com a postura positivista ou outra forma de ideologia materialista.

Além disso, é objetivo declarado deste trabalho de Eduardo Cruz ofertar subsídios epistemológicos também para o ensino religioso, contribuindo para dissipar a forte impressão de que tal disciplina deva iniciar o estudante em algum tipo de agremiação religiosa, em oposição ou como atenuante à entrada no mundo científico/moderno. Ao contrário, espera-se do ensino religioso nas escolas que venha somar-se, no conjunto da proposta educativa escolar, aos esforços por "fazer o aluno pensar sobre a

---

1 As outras três seções são: *Tradições religiosas* (as várias religiões em suas múltiplas vertentes e movimentos); *Questões fundamentais* (elementos constitutivos comuns às tradições religiosas) e *Temas contemporâneos* (alguns processos que dinamizam as religiões).

realidade que o cerca e agir responsavelmente nela", e tal inclui uma visão menos acrítica do componente religioso-espiritual que a permeia.

Merece menção o fato de acolhermos nesta coleção alguém amplamente reconhecido por suas pesquisas na linha da relação entre ciências naturais e religião, com décadas de trabalho junto ao Programa de Estudos Pós-graduados em Ciências da Religião da Pontifícia Universidade Católica de São Paulo (PUC-SP). Recentemente, o autor coordenou a seção I (Epistemologia) do *Compêndio de Ciência da Religião*, obra pioneira no Brasil como primeira grande sistematização da área de estudos de religião, editada por Paulinas com organização geral a cargo de F. Usarski e J. D. Passos, também docentes do mesmo Programa de Pós-graduação da PUC-SP. No entanto, é também mérito do autor ter conseguido, na redação final deste livro, permanecer fiel ao espírito da coleção ao aliar rigor acadêmico e objetivo didático, marca registrada desta série. Foi este, aliás, o objetivo de alguns docentes do Departamento de Ciência da Religião da PUC-SP, quando idealizaram esta coleção. Na trilha de publicações especialmente voltadas para esta demanda – como a conceituada revista *Diálogo* de Paulinas Editora, nosso propósito tem sido o de contribuir para a garantia da disciplina *Ensino Religioso* (ER) na formação básica do cidadão.

Para tanto, tarefa inadiável é investir no apoio aos docentes da disciplina, incentivando sua capacitação específica. Ao sugerir e coordenar tal projeto, a equipe da PUC-SP uniu a prática de educadores que orientam o Ensino Religioso em muitas escolas do país com a pesquisa que vários profissionais das Ciências da

Religião vêm desenvolvendo no âmbito universitário. Dessa forma, estes subsídios estão conseguindo ir ao encontro de uma demanda por obras nesta perspectiva.

A coleção *Temas do ensino religioso* nasceu de uma solicitação feita à PUC-SP por Paulinas Editora, instituição cujo protagonismo nesta área de Ensino Religioso é notório e reconhecido.[2] Entre os principais objetivos almejados, destacamos: proporcionar aos docentes o conhecimento dos elementos básicos do fenômeno religioso a partir da experiência dos alunos; expor e analisar o papel das tradições religiosas na sociedade e na cultura; contribuir com a compreensão das diferenças e semelhanças entre as tradições religiosas; refletir sobre a relação entre os valores éticos e práticas morais com as matrizes religiosas presentes na sociedade e na cultura; apresentar a religião como uma referência de sentido para a existência dos educandos e como um fator condicionante para sua postura social e política; elucidar a problemática metodológica, curricular e legal do ER; e, finalmente, explicitar os processos de constituição, identificação e interação das denominações religiosas em seus diferentes contextos.

Assim como este trabalho do professor Eduardo Cruz, todos os demais foram escritos como subsídio para a formação dos docentes de ER e de disciplinas afins do ensino fundamental e médio. Sabemos da importância de uma formação que prepare especificamente para o ER e é inegável a carência de material adequado e de publicações academicamente qualificadas. Por-

2 Além da já mencionada revista *Diálogo*, são exemplos da opção de Paulinas sua presença junto ao Fonaper, a coleção didática sobre ER e as coleções voltadas para a formação em Ciências da Religião (*Repensando a religião*, *Religião e cultura* e *Estudos da ABHR*).

tanto, cremos ser bastante oportuna uma coleção que contemple as grandes temáticas e as enfoque diretamente para quem deve lecionar esta disciplina.

O olhar que lançamos sobre o fato religioso não é confessional nem vinculado a uma teologia determinada. Os temas estudados têm como base epistemológica a Ciência da Religião. Esta abordagem possibilita a análise diacrônica e sincrônica do fenômeno religioso, a saber, o aprofundamento das questões de fundo da experiência e das expressões religiosas, a exposição panorâmica das tradições religiosas e as suas correlações socioculturais. Trata-se, portanto, de um enfoque multifacetado que busca luz na Fenomenologia, na História, na Sociologia, na Antropologia e na Psicologia da religião, contemplando, ao mesmo tempo, o olhar da Educação. Além de fornecer a perspectiva, a área de conhecimento da Ciência da Religião favorece as práticas do respeito, do diálogo e do ecumenismo entre as religiões. Ela contribui, desse modo, com uma educação de caráter transconfessional que poderá incidir na formação integral do ser humano.

Esta coleção pretende contribuir para a afirmação de parâmetros curriculares que possam, enfim, ratificar a presença do ensino religioso em nossas escolas. Essas balizas vão-se sedimentando à medida que se atinja um consenso construído por profissionais e especialistas da área, para definir as bases teóricas e metodológicas de um ensino religioso que supere abordagens e práticas de recorte catequético ou teológico. Nesse sentido, os volumes desta coleção prestam a devida atenção a aspectos como: culturas e tradições religiosas; distintas teologias; textos sagrados e tradições orais; ritos e *éthos*. Além disso, o conjunto dos títulos pretende enfrentar problemas epistemológicos de fundo, tais como a pesquisa científica que nutre essa área; a educação; a interdisciplinaridade; a legislação sobre ensino religioso; a definição de religião – bem como expor as grandes tradições religiosas que compõem de modo particular o campo religioso brasileiro.

Outra característica importante da coleção, também observada neste livro, refere-se ao cuidado que temos tido para oferecer textos em linguagem acessível, com alusões internas a autores e obras fundamentais, com poucas e sucintas notas de rodapé. Os objetivos de cada capítulo são explicitados logo no início e, ao final de cada um, são propostas algumas questões para recapitulação do assunto. Depois são indicadas algumas obras a quem desejar aprofundar a discussão. No fim do volume, há uma referência bibliográfica completa.

Uma vez mais, fazemos votos de que realmente continuemos cumprindo a meta de atingir e satisfazer nosso público preferencial – atuais e futuros docentes de ensino religioso.

Por fim, só nos resta agradecer ao autor por mais esta preciosa contribuição e a todas as entidades que tornaram possível esta realização.

Afonso Maria Ligorio Soares*

---

* Professor livre-docente e atual coordenador do Programa de Estudos Pós-graduados em Ciências da Religião da PUC-SP. Autor de *Religião & educação*: da ciência da religião ao ensino religioso (Paulinas, 2010) e coorganizador, com S. Kronbauer, de *Educação e religião*: múltiplos olhares sobre o ensino religioso (Paulinas, 2013).

Introdução

Este trabalho procura atender a uma preocupação na escola brasileira, em qualquer nível que for: dada a importância do ensino de ciências, como que o professor de ensino religioso pode entabular uma conversação frutífera com seus colegas de física, matemática, química e biologia? Familiaridade com essas disciplinas não faz usualmente parte da formação desses professores, provocando uma dificuldade de entendimento mútuo e o risco de divergências ou concordâncias fáceis. Negativamente falando, o ambiente escolar é permeado por opiniões advindas dos meios de comunicação, que têm trazido com insistência a postura crítica dos neoateus (pessoas como Richard Dawkins e Daniel Dennett), que desqualificam qualquer conversa no sentido de aproximar a religião da ciência, e vice-versa.

O objetivo de dar conta desses desafios procura ser atendido ao darem-se aqui parâmetros básicos para a relação entre ciência e religião, tanto em termos históricos como sistemáticos. Além disso, este volume pode fornecer subsídios epistemológicos para o ensino religioso, de modo a emprestar-lhe um lugar mais respeitável na estrutura escolar. Afinal de contas, esse ensino não visa primariamente tornar os alunos melhores pessoas ou tampouco transmitir conteúdos catequéticos. Seu objetivo, pelo que entendo, é fazer o aluno pensar sobre a realidade que o cerca (e agir responsavelmente nela), a partir da ótica da experiência religiosa. O que entendemos hoje como realidade, por sua vez, é profundamente informado pelos resultados das várias ciências.

Com essa perspectiva em mente, os seis capítulos que se seguem procuram explorar vários aspectos da questão, a partir de uma metáfora corrente, a do "conflito" e "diálogo" entre ciência e religião. Primeiro, perguntamo-nos sobre a origem histórica de tal metáfora, com ênfase no lado "conflito" da equação, associado à noção de progresso da ciência. Veremos três maneiras como o conflito se estabeleceu: questões sobre a natureza da realidade, uso inadequado de conceitos e disputa por espaço nas universidades. Privilegiamos as questões conceituais, o que nos leva ao tema do capítulo seguinte.

Assim sendo, o segundo capítulo procura fazer uma limpeza conceitual, visando melhor entender (de modo muito seletivo) a religião e a teologia, suas semelhanças e diferenças, e que impacto isso tem tido para o relacionamento entre ciência e religião. Também a noção de ciência é trabalhada, destacando o pano de fundo positivista de onde o conceito emerge. Introduz-se a narrativa do triunfo da ciência, algo que vai ser trabalhado mais tarde. Mudando um pouco o rumo, fala-se da autonomia e da relevância da teologia em face da ciência, seguindo uma abordagem que remonta pelo menos a Agostinho. Mostra-se também o impacto da doutrina da criação *ex nihilo* na configuração da racionalidade moderna. O capítulo termina com um breve apanhado histórico de como foi a recepção religiosa no Ocidente de grandes marcos na história da ciência moderna, em especial a teoria da seleção natural de Darwin.

Já o terceiro capítulo retoma a visão tradicional de ciência, que terminou por gerar a metáfora do conflito. Essa visão tradicional engloba o mecanicismo e o consequente desencantamento da natureza, o método indutivo e a redução. Apesar das críticas contemporâneas a essa visão, ela ainda permanece firmemente incrustada na mente de muitos. Ela associou-se ao que se convencionou chamar de modernidade, e à teoria da secularização. Esta última é trabalhada aqui com um pouco mais de detalhe. O que surge dessa fusão é uma grande narrativa, o que pode se chamar de "mito da ciência". Ela possui uma versão forte e uma fraca. A que é tratada nesse capítulo é a forte, representada hoje pelo discurso dos neoateus. Estes destacam uma consequência do mecanicismo, que é a ausência de propósito na natureza, contrariando de frente as pretensões religiosas. Além disso, colocam a prática científica como substituta da religiosa, o que implica que pretendem se tornar os novos filósofos e teólogos.

O capítulo quarto destaca a versão fraca do épico da ciência, que advoga a independência das empreitadas científica e religiosa. A partir de uma proposta do biólogo Stephen J. Gould, cunhou-se a sigla NOMA ("magistérios não interferentes") para tal independência. Após descrevê-la, preocupamo-nos em apontar alguns pontos mal resolvidos, apontados pelos críticos: associação da religião apenas a questões de moral e sentido, contrariando a pretensão dos fiéis, que anunciam ter contato com uma realidade mais ampla; e a constatação de que a própria ciência envolve questões de valor e de sentido, como os neoateus corretamente destacam. Além disso, há a tendência de parte dos teólogos do séc. XX de entender a tarefa da disciplina como meramente hermenêutica, de certa forma abandonando a noção de verdade como referência. Terminamos indicando a necessidade de se rever a noção de revelação, e como ela pode ser entendida como fonte de conhecimento.

Como consequência indireta de tal atitude de independência, assistimos ao longo do séc. XX a emergência de uma série de sínteses entre ciência e religião, associada à cultura leiga, e esse é o tema do quinto capítulo. Essas sínteses estão particularmente presentes entre os novos movimentos religiosos, às vezes com o apoio de cientistas. A mecânica quântica é uma pródiga fonte de extensões espiritualizadas, assim como a cosmologia e a termodinâmica longe do equilíbrio. No caso da biologia, além dos holismos, temos o contraste entre evolucionismo e o "criacionismo científico" (ou a Teoria do Desígnio Inteligente). Destacamos ao final os problemas associados a tal síntese, que não representam adequadamente nem a ciência nem a religião.

Por fim, o último capítulo procura apontar caminhos possíveis para um diálogo possível e respeitoso, assim como para uma possível relevância da teologia/religião para as ciências naturais. Primeiro, retomamos os questionamentos relativos à teoria da secularização clássica, destacando a emergência de "religiões seculares" no vácuo das religiões tradicionais. O cientificismo seria uma dessas religiões, e de fato atribui-se aos neoateus a formação de um novo movimento religioso. Falamos em percorrer a "porta estreita", assumindo a ciência e a religião no que têm de melhor, dentro de um quadro historicamente fiel. Há as tarefas de reconstrução histórica, epistemológica (propondo a narrativa/mito como elemento comum da ciência e da religião), ontológica e ética (com destaque à bioética). A religião da ciência, por sua vez, não deve ser vista apenas negativamente, podendo aplicar-se a ela o que já se assume no diálogo inter-religioso.

Com esta apresentação, esperamos contribuir para que professores do primeiro e segundo graus, assim como alunos mais avançados, possam enfrentar os desafios colocados pelas ciências contemporâneas, e repensar o religioso de modo a enfatizar seu caráter cognitivo. Devemos confessar que os elementos citados dizem respeito mais à história ocidental e ao cristianismo. Tem havido estudos interessantes sobre como "diálogo" e "conflito" ocorrem em outras religiões, mas não há como tratá-los aqui. Todavia, assumimos que a maior parte do que vale para o cristianismo valha também para as outras grandes tradições religiosas.

Conflito?

Objetivos

- Descrever algo da história da metáfora do "conflito" entre ciência e religião.
- Notar as questões conceituais envolvidas, como as em torno da natureza da Revelação e do conhecimento, que sugerem a não necessidade de tal "conflito".

Como indicado na Introdução, tanto na mídia como em livros *best-sellers* recebemos a informação de que há um "conflito" entre ciência e religião (ou entre ciência e teologia, como veremos no capítulo 2). O mundo religioso parece estar sob constante assédio, ataques que procuram reduzir as convicções religiosas ao caráter de mera crença (o que poderia levar à intolerância), que apontariam para um mundo fantástico e ilusório.

De fato, como que para corroborar esse tipo de percepção, nos últimos anos tem-se publicado uma série de livros que promovem o ateísmo, geralmente em nome da ciência e de sua descrição do Real, e por tabela destacam a metáfora do "conflito". Temos, entre outros autores, Richard Dawkins (nascido em 1941, é o que atraiu mais atenção), Daniel Dennett (1942-), Sam Harris (1967-), Christopher Hitchens (1949-2011; este forma, junto com os três anteriores, o que tem sido chamado "os quatro cavaleiros do apocalipse", ou os "novos ateus"), e no mundo de língua francesa, Jean Bricmont (1952-). Além de negarem a existência de Deus, consideram a religião como algo do passado, infantil como conto de fadas, a ser superada pela ciência. São poucos os ateus que veem um papel positivo nela, como os franceses André Comte-Sponville (1952-) e Luc Ferry (1951-), e o suíço Alain de Botton (1969-). No caso de se ver a religião como algo ultrapassado e até prejudicial, qualquer tentativa de diálogo seria inútil, até porque o objeto da discussão (Deus ou religião) não existiria. Advogam que os argumentos utilizados nascem diretamente do âmbito da ciência, ainda que se possa levantar interrogações a respeito. Seria como sugerir aos cientistas que passassem a dialogar com defensores de vida inteligente em Júpiter. Estes últimos podem ser até boas pessoas, mas...

Voltaremos a esses pensadores no capítulo III. Por ora, notemos que quaisquer pronunciamentos de cientistas (ou de pessoas que dizem se basear na ciência) sobre assuntos religiosos (e vice-versa, diga-se de passagem) acabam gerando não apenas desconfiança como também conflito. Entretanto, como veremos no capítulo IV, essa não é a posição da maioria dos cientistas, ainda que os contendores entre os ateus sejam muito influentes.

De onde vem essa imagem de "conflito"? Nossa compreensão das ciências naturais vem principalmente do mundo de língua inglesa no séc. XIX e, de fato, a metáfora bélica também vem de lá. Ela recebeu um estatuto definitivo a partir de 1874, quando o químico John William Draper (1811-1882) publicou a *História do conflito entre religião e ciência*, destacando o caráter reacionário do Catolicismo, enquanto em 1895 Andrew Dickson White (1832-1918), diplomata e fundador da Universidade de Cornell, publicou sua *História da batalha entre ciência e teologia na Cristandade*, em dois volumes. Ambos os livros são publicados até hoje, em várias línguas e edições.

Desde então a metáfora "pegou", e mesmo os seus muitos críticos também acabam por utilizá-la. Por exemplo, uma pesquisa no Google em português, utilizando a expressão exata "conflito entre ciência e religião", nos fornece 46.500 respostas. Já a expressão exata, em inglês, "conflict between science and religion" oferece 767 mil.[1] Imagine se consultássemos também as inúmeras variantes delas!

Não que essa tenha sido a única postura no seio da comunidade científica. De fato, foi também a partir do séc. XIX que se começou a falar do *diálogo* entre ciência e religião, e vários livros foram publicados, inclusive resultantes de reuniões científicas. Esta é uma história rica,[2] infelizmente pouco conhecida do grande público. O que ficou impresso nas mentes foi o aspecto do "conflito", e como se pode verificar, o grande "vencedor"

1 Dados atualizados até 28/01/2014.
2 Ver John H. BROOKE, *Ciência e religião*.

seria a ciência, algo bastante perceptível na mídia. O recuo da religião como condutora das ideias das pessoas, e sua gradual substituição pela ciência, faz parte do processo de secularização que descreveremos a seguir.

Também pode se falar de conflito entre aqueles que adotam uma visão evolucionista do mundo e os que endossam o "criacionismo científico" e o "*Design* inteligente". Esses últimos reconhecem como legítima a maior parte das áreas científicas, mas se colocam contra a descrição científica padrão das origens, do universo, da vida e principalmente do homem. Nisto são herdeiros de muitos daqueles que se colocaram em oposição ao então nascente darwinismo (lembrar que a publicação de *A origem das espécies* é de 1859), mas deve se registrar que uma parte expressiva dos então opositores viram sinais de conciliação, à medida que as teorias e fatos relativos à evolução das espécies foram sendo esclarecidos. Esta oposição atual entre evolucionismo e criacionismo faz com que muitos cientistas fiquem ainda mais entrincheirados em suas posições e acabem por ver conflito com a religião como um todo.

A METÁFORA DO CONFLITO E OS ASPECTOS DA CONTROVÉRSIA

Agora, podemos melhor enfrentar essa metáfora do conflito se entendermos algumas das questões suscitadas pelos contendores. Primeiro, há a leitura histórica que se tornou padrão e adquiriu ares míticos: a partir do Renascimento, e com especial ênfase a partir do séc. XVIII, desenhou-se uma oposição entre a

"Idade das Trevas" (Idade Média) e "Idade das Luzes" (Iluminismo), que trazia a ciência em si e para si. Cunhou-se também a expressão "Revolução Científica", que teria ocorrido em oposição à Igreja. Ela teria seus "mártires", como Copérnico, Giordano Bruno e Galileu. Eles representariam um facho de luz que fazia as trevas recuarem mais e mais. (Um dos livros do divulgador de ciência, Carl Sagan [1934-1996], tem o sugestivo subtítulo de *A ciência como uma vela que brilha no escuro.*) A religião foi equacionada com obscurantismo, e a ciência como aquela que deve trazer progresso e bem-estar para a humanidade. Outra forma de confronto caracterizava a salvação da religião tradicional, que remetia a felicidade para o outro mundo, em oposição à salvação científico-tecnológica, que traz a felicidade para o aqui e o agora.[3] Voltaremos mais adiante a este último tipo de salvação.

Aliada à questão histórica, o suposto confronto tem levado a questões sobre realidade e verdade. Conforme sugerido antes, assistimos nos últimos séculos a um questionamento da realidade transcendente para qual a religião aponta e, portanto, às pretensões de conhecimento e verdade que lhe são associadas. Durante muito tempo, pensou-se a fonte de conhecimentos válidos da realidade a partir da imagem dos "dois livros": o da revelação e o da natureza. Como uma vez afirmou o próprio Galileu: "Porque a Sagrada Escritura e a Natureza, procedendo igualmente do Verbo divino, aquela como ditado do Espírito Santo e esta como executante muito obediente das ordens de Deus". Porém,

---

3 No que tange ao contraste entre "Idade das Luzes" e "Idade das Trevas", ver Edward GRANT, *Os fundamentos da ciência moderna*; Ronald NUMBERS, *Galileu na prisão*.

pelo menos desde o séc. XVIII, a noção de "revelação" tem sido sistematicamente refutada como fonte de informações sobre a realidade – o livro da revelação deixaria de ser algo digno de consideração. Como substituição da esfera cognitiva da religião, tem-se destacado na modernidade as funções moral e emotiva (o sentido da vida) da religião, a individualização da fé e a "experiência religiosa" daí advinda.[4]

Em seguida, estreitamente ligada à questão anterior, há outra que pode ser chamada de questão epistemológica. Refere-se a uma pergunta do tipo "Sobre o que mesmo estamos falando?". Ou seja, parte da estranheza recíproca decorre da dificuldade de as pessoas entenderem o que está em jogo na fala do outro, e de melhor entenderem o que elas próprias falam! Quando cientistas falam de ciência com uma atitude defensiva, imediatamente se referem ao seu núcleo empírico duro, os "fatos", que falariam por si mesmos. Ao mesmo tempo, assumem que a ciência é única, como se fosse um grande sujeito, a mesma em todas as suas subdisciplinas, uma percepção advinda do positivismo de séc. XIX. Quando religiosos falam de religião, reduzem-na a uma aspiração de sentido em um mundo desencantado, ou a um conjunto de afirmações doutrinárias sobre o tema em discussão. Ou então remetem à "fé", constantemente desafiada por afirmações científicas. Desnecessário dizer que, sem uma compreensão dos principais conceitos envolvidos em um "diálogo" ou "conflito", nenhum diálogo se torna possível.

---

4 Para uma versão recente dessa tendência, ver Karen ARMSTRONG, *Em defesa de Deus*.

Por fim (mais específico para o caso da teologia), há a disputa por espaço acadêmico nas universidades. Como este não pode, por razões econômicas, crescer de um modo que satisfaça a todos, sempre há uma disputa por poder e recursos, onde áreas mais fortes tendem a prevalecer sobre áreas que conseguem se afirmar menos. Além disso, há sempre uma desconfiança em relação às pretensões de conhecimento de áreas vizinhas. Aliada à questão epistemológica e ao anticlericalismo da modernidade, essa disputa tem dado lugar a uma gradual exclusão da teologia dos espaços universitários.

Em adição a estes aspectos, pode-se voltar a mencionar o confronto corrente entre teoria da evolução de um lado e criacionismo e *design* inteligente de outro lado. Este procura responder à pergunta da Teologia Natural: Há ou não um propósito nos eventos da natureza? Voltaremos a esses contendores no capítulo V.

Dado o peso desses fatores, pode-se supor que os últimos duzentos anos contiveram apenas episódios de confronto. Entretanto, uma série de estudos, históricos e sistemáticos, alguns deles citados nas notas precedentes, tem posto em questão essa ideia de "confronto, choque ou conflito". Destaquemos por exemplo a questão epistemológica, a partir das indicações já dadas.

De fato, no calor das discussões, utilizam-se os termos sem que se faça uma pausa para se entender o significado deles. O historiador da ciência Peter Harrison (1955-), por exemplo, mostrou que os conceitos de "ciência" e "religião" receberam vários significados ao longo dos últimos séculos, e contemplam assim diferentes aspectos. Como diz ele: "Se ciência e a religião estão em conflito, se são entidades independentes, se estão em diálogo ou se são empreendimentos essencialmente integrados, isto será determinado da mesma forma que a adotada por alguém que define as fronteiras dentro dos largos limites dados pelos construtos".[5]

O que ele quer dizer é que, se "ciência" e "religião" são conceitos construídos pelas circunstâncias históricas e interesses de vários tipos, a existência ou não de conflito está mais ligada a um embate entre tais circunstâncias, do que algo resultante de fatos históricos bem estabelecidos ou, ainda mais, de alguma necessidade trans-histórica. Por isso, cabe a nós assumir a possibilidade do diálogo e colher evidências dele em acontecimentos do passado e do presente, sem desprezar aquelas que vão em sentido contrário.

Lembremos também que a prática ocidental de religião, associada que está ao Cristianismo e congêneres, diferencia-se do trabalho intelectual sobre as doutrinas e práticas da religião, ou seja, a teologia. Este será o tema do próximo capítulo.

Questões

1. Como você tem percebido a metáfora do conflito em sua experiência cotidiana?
2. Por que o uso do termo "revolução" na assim chamada "revolução científica" do séc. XVII?
3. Você saberia identificar os problemas com o termo "revelação" na modernidade?

---

5 HARRISON, "Ciência" e "Religião", p. 22-23.

Bibliografia sugerida

BARBOUR, Ian. *Quando a ciência encontra a religião*: inimigas, parceiras, estranhas? São Paulo: Ed. Cultrix, 2004.

BROOKE, John H. *Ciência e religião*: algumas perspectivas históricas. Porto: Porto Editora, 2005.

NUMBERS, Ronald. Mitos e verdades em ciência e religião: uma perspectiva histórica. In: CRUZ, Eduardo R. (org.). *Teologia e ciências naturais*, p. 198-209.

Religião, teologia e ciência: os conceitos

Objetivos

- Estabelecer diferenças e semelhanças conceituais entre "religião", "ciência" e "teologia".
- Apresentar os princípios de "relevância" e de "neutralidade" da teologia em relação à ciência, e exemplos históricos a respeito.

Como vimos no capítulo I, parte da noção de conflito nasce de uma confusão bastante comum e compreensível entre "religião" e "teologia". Nossa primeira preocupação, portanto, será conceitualizar tanto uma como outra, para que se possa melhor saber com o que a ciência está sendo comparada. Estamos longe aqui de uma conceitualização rigorosa e abrangente; trata-se mais de melhor diferenciar o que usualmente encontramos sobre o par conflito/diálogo. A segunda preocupação é a de mostrar aspectos históricos e sistemáticos associados a esses termos, no que têm de relevante para a história do "conflito" e do "diálogo".

Religião e seu destino na Modernidade

Comecemos com "religião", um conceito bastante difundido e muito empregado – todo mundo tem dele uma noção, mas será que é a mais adequada? "Religião" não é algo simples de ser definido, por ser tão associada à história humana e tão universal, e ao mesmo tempo tão importante na diferença entre culturas. Este termo possui assim uma longa história, cheia de percalços, tanto quanto à sua etimologia como ao seu emprego (por exemplo, o que constituiria uma verdadeira religião), da qual vamos registrar apenas alguns aspectos.[1]

Com o advento da Cristandade no séc. IV de nossa era, "religião" passou a significar apenas o Cristianismo e, em menor escala, o Judaísmo e o Islamismo, e constituída a partir de uma Revelação fidedigna. Outras eram consideradas falsas religiões, superstições ou aproximações imperfeitas da verdadeira. Parcela significativa da formação e da afirmação da Europa, durante todo o período medieval, constituiu-se sob a égide desta noção. Com o advento da Reforma e depois da Modernidade, o termo conheceu uma leve inflexão de significado, enfatizando o lado individual e moral da religião, esta ainda sendo subentendida como o Cristianismo.

---

[1] Para o que segue, ver Eduardo CRUZ, *A persistência dos deuses*.

Uma modificação importante ocorreu por volta de séc. XVIII, quando, sob o influxo das descobertas de diferentes religiões por conta da expansão colonial, e pelo aumento do ceticismo em relação à tradição, dois movimentos complementares se acentuaram: primeiro, o questionamento do uso desse termo no singular; e depois, a negação de que a religião fosse produto da revelação de um Deus, ou mesmo que fosse algo natural e benéfico ao ser humano. O primeiro movimento diz respeito à pluralidade das religiões, relativizando por consequência o poder normativo do Cristianismo. Evidências concretas surgiam, por conta da expansão colonial, de que todas as religiões (ou que assim passaram a ser denominadas por traduções nem sempre felizes) estrangeiras, sejam elas "primitivas", sejam ligadas a civilizações milenares, possuiriam a mesma pretensão de verdade e positividade (ou até mais) que o Cristianismo. Todas poderiam, em igual nível, reivindicar sua validade respeitando-se as diferenças culturais, e assim a questão da religião passou a ser uma questão de opção e inserção social. As sementes do relativismo cultural estavam lançadas. O segundo movimento será retomado no capítulo III.

Ao longo dos dois últimos séculos várias definições de religião foram sendo acrescentadas ao repertório tradicional, com a preocupação de maior fidelidade à realidade empírica das religiões, a partir da expansão colonial e das pesquisas etnográficas, assim como uma possibilidade maior de generalização. Uma definição que se tornou clássica foi expressa nos anos 1960 do séc. XX por um antropólogo chamado Clifford Geertz (1926-2006): "uma religião é (1) um sistema de símbolos que atua para (2) estabelecer poderosas, penetrantes e duradouras disposições e motivações nos homens através da (3) formulação de conceitos de uma ordem de existência geral e (4) vestindo essas concepções com tal aura de factualidade que (5) as disposições parecem singularmente realistas".[2] Esta definição destaca o pluralismo religioso, visto que a associa diretamente a culturas particulares. Destaca também o importante papel dos símbolos nas religiões, a partir dos quais todo o complexo conjunto de outras características toma sentido. Notar também a ênfase na formação de conceitos e na pretensão de realidade do sistema de símbolos. Pode-se falar a partir daí de um "conhecimento religioso", uma maneira de o fiel caracterizar a realidade tal qual vista pelo próprio sistema simbólico envolvido.

Mais recentemente, tem-se estudado as religiões em termos de sua origem evolutiva, tomando-se um perfil comum prévio a todas as culturas, que teria emergido junto com o *Homo Sapiens*. Esses estudos destacam dois aspectos: primeiro, a importância de entidades sobrenaturais nas religiões, assim como deuses, e segundo que os seres humanos as projetam nos elementos da natureza e da cultura.[3] A religião surge daí como um compósito de disposições evoluídas, como a capacidade de reconhecimento de agentes, que originalmente tinham funções não religiosas. Com isso, muitos pesquisadores concluem que a religião pode ser explicada em termos naturalistas, de comportamentos humanos perfeitamente ordinários. Tais conclusões se revestem de particular importância hoje, inclusive por que seus resultados são

---

2 Clifford GEERTZ, *A interpretação das culturas*, p. 104-105.

3 Para uma discussão dessas tendências recentes, ver Eduardo CRUZ, *Em busca de uma história natural da religião*.

amplamente aproveitados pelos "novos ateus", sob o argumento de que tais estudos, ao fornecerem uma descrição natural da religião, esvaziam-na de qualquer significado mais elevado. Por outro lado, muitos pesquisadores indicam que não se devem tirar conclusões ateístas ou teístas a partir dessas ciências evolutivas, pois ciência e religião se debruçam sobre a realidade de modo autônomo. De qualquer forma, não se pode atribuir aqui um caráter cognitivo à religião, pois surge em geral de processos inconscientes.

Bem, tais definições são complexas e podem se multiplicar indefinidamente, daí que os próprios pesquisadores advertem que nós temos que ficar sempre próximos ao entendimento comum ao tentar dar conta da religião.

Todos intuímos o que esta costuma envolver: uma ou mais entidades (deuses e espíritos) que governa(m) nosso destino; crenças e doutrinas a respeito deles; mitos, narrativas que falam da história desses deuses (e/ou seus representantes, históricos ou não) em sua relação com os humanos; rituais, movimentos pessoais ou coletivos que reencenam os elementos principais dos mitos, e procuram manter as divindades em "boa paz" com os humanos; símbolos, componentes icônicos presentes nestes rituais; agentes religiosos, sacerdotes, xamãs e outros; textos sagrados; lugares sagrados e peregrinações. Outros itens também poderiam ser adicionados à (ou retirados da) esta lista.

Vamos destacar o mito, na medida em que tem a ver com uma maneira de explicar o mundo. No final do séc. XVIII e no séc. XIX, muitos pensadores (principalmente Augusto Comte [1798-1857]) entenderam que a história do pensamento humano teria ocorrido na seguinte sequência. No início, os seres humanos viviam imersos em um mundo mágico-religioso, e isto se refletia na explicação dos fenômenos naturais. Por exemplo, trovões seriam causados pela ação de algum deus específico, e narrativas foram construídas para explicar a ação dessa divindade. Esta seria o estado do mito. Por volta de 600 a.C., começaram a surgir reflexões filosóficas que não se referiam aos deuses para explicar os fenômenos naturais. Nasce assim a filosofia, baseada só na razão humana, primeiro na Grécia e em suas províncias. Este seria o estado dito metafísico, por conta da importância de Aristóteles no pensamento europeu anterior a Comte. Finalmente, a partir do séc. XVII, ocorre a revolução científica no Ocidente, capitaneada por Galileu, Newton e outros. O método indutivo (que qualquer explicação deve nascer da observação sistemática dos fenômenos naturais, que leva a regularidades [leis] científicas) ganha destaque, e assim a ideia de que toda ciência deve se construir sobre os "fatos", isto é, sobre o que é dado, o que é posto. Nasce assim o estado positivo, que seria a última etapa do pensamento humano.

Parte do conflito entre religião e ciência surge justamente a partir dessa leitura da história. Interpretando-a de outra forma, tornou-se comum utilizar a palavra "mito" para designar histórias reconstruídas de acordo com os interesses de uma época, algo próximo do que entendemos por ideologia. Ironicamente, essa narrativa adquiriu ares míticos, e assim tal conflito pode até ser caracterizado como ocorrendo entre mitos fundantes. Para o "mito da ciência", a religião seria um resíduo do estado mítico, um modo de explicação ultrapassado, enquanto a ciência seria representante do estado positivo, motor do progresso e do conhecimento. Chamemos essa interpretação de "mito_1".

Só ao final do séc. XX que se notou a inadequação desta leitura para as relações entre ciência e religião. Além disso, e principalmente pelo trabalho dos antropólogos ao longo do mesmo século, se resgatou o mito de sua marginalidade, e deu-se a ele um estatuto cognitivo de destaque. Chamemos o que resulta daí de "mito_2", como veremos no capítulo VI.

Voltemos agora ao conjunto dos traços da religião. Listados desta maneira mais objetiva, seria mais fácil identificá-los na religião dos outros do que na nossa própria. Mas um momento de reflexão sobre o cotidiano religioso da nossa religião permitirá que identifiquemos os elementos citados. Além disso, podemos recorrer a estudiosos do assunto para que nos auxiliem nessa tarefa (ver outros volumes da coleção *Temas do Ensino Religioso*).

Mas algo que diferencia o Cristianismo dentre outras religiões é o peculiar grau de tensão entre o que dizem os especialistas e o comum dos fiéis, e o elevado grau de autoconsciência e autocompreensão de seus componentes, que defendem o seu caráter sublime, espiritualizado e autêntico. O Cristianismo dá também destaque ao aspecto doutrinário, ao elemento de fé e à compatibilidade entre o seu entendimento da realidade e aquele derivado das ciências.

Esse grau de autoconsciência evidencia a importância do papel do teólogo no Cristianismo. Além disso, ciência e teologia têm em comum o fato de que são labores disciplinados e intelectuais, o que sugere que é mais simples de se identificar aí situações de conflito e diálogo. Vamos então falar da teologia e de seu destino com a emergência das ciências modernas.

Teologia, entre a autonomia e a relevância

Esta se refere a uma atividade intelectual geralmente desenvolvida por um grupo especializado, os teólogos. De modo geral, aplica-se a especialistas do Cristianismo, que é também o que acabará na prática sendo destacado aqui. Ela supõe a prática religiosa, mas não costuma ter muito impacto sobre esta última. Além de refletir sobre essa prática, a teologia pensa-a no conjunto de práticas similares, sistematiza os dados advindos dos textos sagrados e pronunciamentos autoritativos (e nisso depende dos exegetas e historiadores), e por fim pensa a pessoa de Deus e sua relação com o todo do Real. Nesta última perspectiva, principalmente, o teólogo entra em diálogo com seus pares na filosofia e nas ciências, naturais e humanas. Assim sendo, e conforme já mencionado, se há conflito entre teólogos e cientistas, este se dá nas pretensões de verdade de cada grupo, se de fato conhecem alguma coisa sobre o Real ou não.

A teologia ocidental tem uma longa história, que une as escrituras hebraicas e o pensamento grego, através do diálogo com a cultura intelectual da época. Essa fusão se deu com os Padres da Igreja, latinos e gregos. Esse pensamento apresentava o que hoje chamamos de uma filosofia e história da natureza, literatura, teologia e política. Com isso, a doutrina da criação (a que mais nos interessa) foi sendo elaborada, e dentro dela as possibilidades de relação entre criação e natureza, e das formas de conhecimento sobre as duas. Segundo um renomado historiador da ciência, Ernan McMullin (1924-2011), foi Santo Agostinho que nos legou dois modos básicos de apresentar essa relação. O primeiro sugere que o texto bíblico deve, até onde for possível, guiar nossas opções em termos de visões da natureza e do cosmos. A isso se pode dar o nome de "princípio de relevância".[4] O segundo indica que, não sendo o conhecimento da natureza relevante para a salvação, os textos bíblicos não têm muito a dizer sobre tais conhecimentos. Neste caso, temos o "princípio de neutralidade".

Pode-se inverter a equação agora. O princípio de relevância sugere que os fatos e teorias científicos influenciariam significativamente nossa compreensão de Deus e sua criação. Isto significa que as teorias contemporâneas (p. ex., da evolução e do "big-bang") solicitariam uma alteração significativa do conhecimento teológico, em particular no que diz respeito à doutrina da criação. Por exemplo, muito se tem falado do "Princípio antrópico" na cosmologia e de como isso mostraria um propósito extranatural para o universo. Mais importante ainda, e de modo negativo, fala-se do impacto da teoria da evolução sobre compreensões tradicionais do mal, tanto o natural como o causado pelo homem. Já o princípio de neutralidade pode ser entendido como dizendo que as teses científicas, por serem mutáveis e limitadas, pouco podem dizer a respeito da substância das doutrinas cristãs. No caso da compreensão do mal, pode-se alegar que essa foi moldada ao longo dos séculos a partir da revelação bíblica, e que pouco tem a ver com o que as teorias científicas têm a dizer.

Para iluminar a tensão entre estas duas alternativas, citemos a concepção de que o ato criador de Deus foi *ex nihilo* (a partir

---

4 Para o que segue, ver Ernan McMULLIN, *How should Cosmology relate to Theology*.

do nada). O pano de fundo hebraico é a narrativa nos dois primeiros capítulos do Gênesis, ainda que não se restrinja a esse livro. Como é de conhecimento geral, neles se narra a criação do universo, da natureza e do homem, e a vida de Adão e Eva no Jardim do Éden. Se lida como um relato para crianças, essa narrativa apresenta-nos um universo bom (depois corrompido pelo homem), estabelecido em sete dias, e cujo destino está ligado ao do homem. Nesse caso, a cosmologia contemporânea e a criação surgem como incompatíveis. Mas a maioria dos exegetas primitivos preferiu uma leitura que retoma os textos bíblicos relevantes como um todo, e a percepção de que esta é uma narrativa que explica a salvação de Deus, não a origem física do universo. Esses intérpretes normalmente seguiram a ciência do seu tempo para entender o conhecimento da natureza por detrás desse relato da criação. Mas esses textos bíblicos como tais apenas sugerem, não levam necessariamente à doutrina da criação em termos de *creatio ex nihilo*.

Essa concepção surgiu de fato no embate dos Padres da Igreja com a filosofia platônica da época, que entendia haver uma matéria preexistente a partir do qual a divindade moldaria as entidades naturais, ou que a natureza seria emanada de Deus, e assim parte d'Ele. Os padres assim reinterpretaram os textos bíblicos à luz dessas controvérsias, destacando a imagem monoteísta de tais textos, salvaguardando a transcendência divina, e com isso se enfatizou a absoluta liberdade de Deus no ato de criação do universo. Como toda doutrina básica do Cristianismo, ela está sujeita a todo um leque de interpretações. De um lado tem-se a possibilidade de a criação estar "em Deus" (panenteísmo), destacando a imanência divina, que enfatizaria o princípio de relevância, enquanto no outro lado enfatiza-se a absoluta transcendência divina em relação ao criado, posição do teísmo tradicional.

Esse teísmo ganhou sua forma atual com São Tomás de Aquino,[5] cujas principais posturas a respeito podem ser resumidas da seguinte forma:

1) Deus é uno e simples, e onipotente.

2) Ele cria livremente o universo, e o faz a partir do nada. Isto *não* significa que não há "nada" antes (mesmo o termo "antes" deve ser relativizado) da criação, pois esta não é o ato divino sobre o "nada", mas a ação de Deus por si próprio.

3) Deus é assim distinto e independente do cosmos.

4) O espaço e o tempo também são criados, em conjunto com os seres. Como Tomás de Aquino sugere, afirma-se que as coisas foram criadas no início do tempo, não como se esse início do tempo fosse uma medida da criação, mas porque o tempo foi criado junto com os céus e terras. Isto também significa que a criação não ocorre em t = 0, o que implica que o ato de criação não é dependente de modelos cosmológicos específicos;

---

5 O texto fundamental de Tomás de Aquino encontra-se na *Suma Teológica*, parte I, artigos 45 a 48.

5) Como este Deus uno é também trinitário, sabemos que a criação compartilha de Sua bondade – o mal assim não é parte essencial da criação, é apenas contingente.
6) O mundo criado goza de autonomia e de racionalidade, e pode assim ser estudado sem embaraços pelas ciências.
7) Deus interage com sua criação e é providente.
8) A criação tem um destino, fruto da prodigalidade divina, e o próprio tempo há de ser consumado. Isto significa que não há contradição em dizer que o universo vai se esvaindo ao longo de um tempo de duração infinita, com o dizer que a criação será consumada, e que Cristo será "tudo em todos".

Essa perspectiva, que destaca a transcendência de Deus em relação à Sua criatura (e ao mesmo tempo Seu amor por ela), associa-se a uma leitura do para fé/razão, que destaca a autonomia e complementaridade uma em relação à outra. Isto exalta o segundo princípio destacado por McMullin, o que, aliás, é importante para a aceitabilidade da oitava postura – como a ciência moderna não vê propósitos benévolos ou malévolos na natureza, é importante preservar a autonomia interpretativa do conceito de destino da criação.

Pode-se neste momento acrescentar que os místicos de todos os tempos tenderam (e tendem) a ver continuidade entre natureza e criação. Como veremos no capítulo V, essa continuidade pode vir a representar um problema que coloca o diálogo em xeque. Chegando agora ao séc. XVII, quando se inicia o que se entende por "ciência moderna", mencionemos o nome de Galileu. Este é um nome famoso ao recorrer ao segundo princípio de Agostinho para mostrar que sua ciência e seu Cristianismo eram compatíveis. Ele retoma uma afirmação de um cardeal de seu tempo que dizia que a ciência explica os céus, enquanto a teologia explica como se vai aos céus.

Aliás, o "caso Galileu" tornou-se exemplar no curso da história da ciência. Ele serviu durante muito tempo como exemplar do suposto conflito entre ciência e religião, em um claro esquema de "bandido" e "mocinho". Aos poucos, a história da ciência mostrou que a narrativa habitual não bate com fatos históricos,[6] e que na verdade Galileu contribuiu em muito para o entendimento das relações entre ciência e religião.

Mas a interpretação de Galileu, de que a harmonia é possível, permaneceu na obscuridade durante muitos séculos, e o que prevaleceu durante um largo período na teologia foi tratar a doutrina da criação do modo clássico, sem que os avanços científicos tivessem impacto significativo sobre elas. Nem princípio da relevância nem princípio da autonomia – simplesmente um alheamento e um isolamento que, não obstante, aos poucos se tornavam inviáveis.

---

6 Para quem deseja uma descrição mais honesta dos fatos, ver Stephen J. GOULD, *Pilares do tempo*, p. 61-64; NUMBERS, *Galileu na prisão*. Para os textos de Galileu, com extensos comentários, ver GALILEU GALILEI, *Ciência e fé*: cartas de Galileu sobre o acordo do sistema copernicano com a Bíblia. 2. ed. Organização e tradução de Carlos Arthur R. do Nascimento. São Paulo: Ed. Unesp, 2009.

Ao longo do séc. XIX, conforme sugerido acima, desenvolveu-se toda uma apologética para fazer frente à disseminação do conhecimento científico e à gradual hegemonia de cientistas (em geral ateus ou agnósticos) nos postos de comando nas universidades. Essa apologética, no entanto, era parte dos prolegômenos, não fazia parte propriamente do sistema teológico.

Em um primeiro momento, os apologetas recorreram ao chamado "concordismo" (depois criticado, mas presente ainda hoje), isto é, o esforço de mostrar que afirmações bíblicas sobre a criação seriam compatíveis com conhecimentos científicos, com apenas um mínimo de interpretação. Com a ascensão do neotomismo, a partir da segunda metade do séc. XIX, esse tipo de concordismo é questionado. Acentua-se nesse momento o princípio de neutralidade, para de certa forma proteger a doutrina da criação de perguntas indesejáveis que surgiam do avanço do conhecimento. Isto se deu em particular com a proposição do mecanismo de seleção natural para a evolução das espécies por Charles Darwin (1809-1882), em 1859 (ano de publicação de seu *A origem das espécies*). No âmbito protestante a situação era mais complexa, pois além da divisão entre "liberais" e "conservadores", tinha-se também a multiplicidade de confissões, cada qual com sua interpretação bíblica particular.[7]

Assim, o que sempre causou maior polêmica foi a teoria proposta por Darwin. Ao enfatizar o papel do acaso e da necessidade, a teoria aparentemente tornava a ação de Deus no mundo

---

7 Para parte dessa história, ver Eduardo CRUZ, *Diálogos e construções mútuas*: Igreja Católica e Teoria da Evolução.

como supérflua, tanto na origem propriamente dita quanto na governança. Além disso, não interpunha nenhuma barreira entre a evolução das espécies infra-humanas e o homem. Apesar do livro de Darwin, *A descendência do homem*, ter sido publicado em 1871, desde o primeiro livro (de 1859) já se deduzia tais conclusões. Por fim, a evolução não apontava para lugar algum, não continha nada que lembrasse uma história da salvação, um mundo com uma finalidade boa pensada por Deus. Assumindo-se o "princípio da relevância", tais concepções certamente têm um impacto sobre concepções tradicionais da doutrina da criação.

Não sem surpresa, a teoria darwiniana provocou profundos debates e reações, tanto no âmbito católico quanto protestante. É preciso enfatizar que essa teoria permaneceu incompleta por muitas décadas, e sérias dúvidas a respeito do mecanismo de seleção natural permaneceram inclusive no âmbito científico. No caso do protestantismo, a maior divisão entre o lado liberal e o ortodoxo em seu seio fez surgir, no plano norte-americano, o fenômeno do fundamentalismo no final do séc. XIX. O termo não tinha então o sentido negativo que tem hoje, apenas querendo dizer que uma ala significativa dos fiéis atinha-se aos fundamentos da fé evangélica, assim como articulada por um grupo de líderes eclesiásticos. Entre os pontos fixados, encontrava-se a leitura mais literal dos primeiros capítulos do livro do Gênesis, o que deu lugar, décadas depois, ao "Criacionismo científico", contemporâneo (ver cap. V).

No lado católico, o Darwinismo também provocou posições contraditórias. Todavia, nunca houve um pronunciamento oficial de condenação ou rejeição da teoria darwiniana, ainda que houvesse um entendimento tácito que a noção de alma humana deveria ficar fora de quaisquer considerações evolutivas. Dois eventos ocorreram mais ou menos nessa época: primeiro, o Concílio Vaticano I (1870-71) reafirmou a complementaridade entre fé e razão, supondo assim certo grau de autonomia para as ciências naturais. Segundo, com Leão XIII (cujo pontificado se estendeu de 1878 a 1903) o Tomismo surgiu como filosofia oficial da Igreja. O que naquele momento foi um esforço de renovação (daí o movimento ter sido cunhado de "neotomismo"), também sacramentou um método dedutivo pouco compatível com o método científico prevalecente (mais indutivo). Como movimento alternativo, surge um grupo de pensadores que procuraram ajustar os princípios doutrinários e os métodos teológicos aos ditames da modernidade, em consonância com muitos intelectuais protestantes liberais. Esse movimento recebeu o nome de "modernismo". No início do séc. XX, inicia-se na Igreja Católica uma reação antimodernista, fortemente conservadora, e nesse contexto polêmico o Darwinismo era por vezes associado ao modernismo.

Foi nesse contexto, aliás, que se desenvolveu a carreira de Teilhard de Chardin (1881-1955). À semelhança de Galileu, este teria sofrido severas censuras por conta de suas posições pró-evolucionistas. Mas a história não corrobora essa versão simplista: seguindo uma tradição pós-Vaticano I, se Teilhard tivesse se restrito à sua ciência (paleontologia), provavelmente nada lhe teria acontecido, mas o que conta é que ele propôs uma audaz síntese entre seu entendimento dos processos evolutivos e doutrinas tradicionais cristãs. Por ser tão audaz quanto controversa, não é de surpreender que tenha provocado reações hoje lamentadas. Em todo caso, trata-se também de um episódio em que o princípio de relevância está em jogo, no caminho de sínteses de discursos (ver cap. V).

Enfim, o magistério católico é notório por sua prudência, quando se trata de mudanças doutrinárias, daí seu tardio endosso das ideias evolutivas (algo que ocorreu principalmente com João Paulo II). Com o Concílio Vaticano II, os teólogos tiveram mais liberdade para explorar vias que proporcionassem maior diálogo com as ciências naturais.

Em resumo, quando percorremos um pouco do destino dos termos "religião" e "teologia" no Ocidente, vemos o grau de desconforto provocado pela emergência da ciência moderna. Por um lado, o conceito de religião passa a ser questionado no que tem de sublime, e sua interpretação e condução são retiradas do monopólio eclesiástico. Por outro lado, as tensões existentes entre um princípio de relevância e outro de neutralidade no confronto entre saber profano e saber sagrado chegam a tal grau de intensidade que a figura do "conflito" parece ser o resultado natural da evolução dos acontecimentos. Vistos religião e teologia, vamos no próximo capítulo dirigir nosso foco para a ciência.

Questões

1. Você conhece casos concretos em que a confusão entre religião e teologia tem um impacto negativo?
2 Quais as características da religião mais questionadas, quando ocorre o contato com a ciência?
3 Qual o seu entendimento dos princípios de "relevância" e "neutralidade" na teologia?
4 Vimos alguns exemplos que mostram dificuldades com o "princípio de relevância". Mas o "princípio de neutralidade" também tem sido problemático. Você pode antecipar por quê?

Bibliografia sugerida

COTTINGHAM, John. *A dimensão espiritual*: religião, filosofia e valor humano. São Paulo: Loyola, 2008.

HARRISON, Peter, "Ciência" e "Religião": construindo os limites. *Rever* – Revista de Estudos da Religião, vol. 7/1, mar. 2007, p. 1-33. Disponível em: <http://www.pucsp.br/rever/rv1_2007/p_harrison.pdf>.

SOARES, Afonso M. L.; PASSOS, João Décio (org.). *Teologia e ciência*: diálogos acadêmicos em busca do saber. São Paulo: EDUC/Paulinas, 2008.

NUMBERS, Ronald (org.) *Galileu na prisão e outros mitos sobre ciência e religião*. Lisboa: Ed. Gradiva, 2012.

CIÊNCIA E MODERNIDADE: A "TRADIÇÃO RECEBIDA"

OBJETIVOS

- Destacar os elementos que compõem o entendimento tradicional da ciência: o mecanicismo e o consequente desencantamento da natureza, o método indutivo e a redução.
- Compreender a postura dos neoateus a partir dessa visão tradicional, em particular no que diz respeito à suposta ausência de propósito na natureza.

Agora podemos passar ao conceito de ciência (subentendida aqui como o conjunto das ciências naturais) que entra em contato com a religião e a teologia. Uma maior atenção à história também é requerida neste momento.

Conforme já descrito, todos conhecemos uma narrativa eloquente, onde, começando com Galileu, a ciência moderna triunfa sobre formas obscurantistas de pensar e, ao adotar uma visão mecanicista do mundo e o método indutivo, leva à descoberta de uma enorme quantidade de fatos. A seu tempo, esses fatos geraram tecnologia, que transformou o mundo e proporcionou maior qualidade de vida aos seres humanos.

Com seu triunfo, a ciência recebe largo apoio do Estado e seu ensino é obrigatório em todas as escolas. Esse destaque expressivo à ciência em nosso cotidiano terminou por ofuscar a dimensão religiosa da existência, como se tem visto aqui. Antes de se aprofundar nessa questão, vamos explorar dois aspectos da ciência moderna que terão impacto em nossa discussão posterior.

Mecanicismo, indução e a consolidação da ciência

O primeiro deles é a emergência do mecanicismo como projeto e filosofia da nova ciência, no séc. XVII. Em termos simples, uma abordagem mecânica da natureza implica a separação entre as qualidades primárias (p. ex., massa e movimento dos objetos) e as qualidades secundárias (aquelas ligadas às nossas apreciações, como cor e cheiro, ou aos nossos desejos) dos fenômenos naturais. Apenas as primeiras seriam o objeto próprio da ciência da natureza. Essa funciona com leis próprias, torna-se desencantada, indiferente aos nossos propósitos, anseios e movimentos. Práticas mágicas não funcionam, apenas a obediência às suas leis permite a manipulação pela técnica (essa foi, p. ex., a filosofia de Francis Bacon [1561-1626]). O trabalho com essas leis, por sua vez, torna-se possível com a matemática, poderoso instrumento para dar conta da descrição e sistematização das transformações naturais.

Essa abordagem teve enorme sucesso no âmbito da física terrestre e da celeste, com Galileu e Newton. Fazia parte desta filosofia, entretanto, o entendimento de que o mecanicismo poderia ser estendido a qualquer objeto estudado pela ciência. Descartes (1596-1650), por exemplo, propôs um modelo mecânico para o funcionamento dos organismos, inclusive do corpo humano. O triunfo da mecânica matematizada, nos dois séculos posteriores, motivou o surgimento de ciências biológicas e humanas com o mesmo espírito. Augusto Comte, já citado, preconizou a entrada gradual dos saberes humanos em seu estágio positivo, à semelhança da física, e com a adoção do método indutivo. E esse método indutivo é o segundo aspecto que caracteriza a ciência moderna.

O método indutivo não era em si uma novidade, o que o constitui como tal é o seu enquadramento, como proposto por Newton (ver Apêndice). É também chamado "método experimental", pois postula que todo conhecimento válido começa da observação e da experiência. Considerações metafísicas, como já sugerido anteriormente, não tinham lugar nessa nova filosofia. O positivismo acabou por se tornar a filosofia oficiosa da comunidade científica. Implícito no método indutivo encontra-se o que se denomina de "redução". Trata-se de um princípio de economia: incorporar o maior número possível de fenômenos, leis e método sob o menor número possível de sistemas explicativos. Trata-se de um assunto muito debatido em filosofia da ciência, e se é ressaltado aqui, fica por conta da redução de elementos religiosos a sistemas naturais, que vimos no capítulo anterior, por exemplo, ao falar dos estudos evolutivos da religião. Estes, aliás, também se fiam nos princípios básicos do mecanicismo, o que os tornou mais propícios a se tornarem bandeira do "novo ateísmo".

Esses aspectos todos, quando racionalizados, deixavam também a ciência algo à margem da história, suas paixões e contradições – ela possuiria sua própria história, de progresso e benefícios para a humanidade. Ao final do séc. XIX, essa narrativa já havia se consolidado, ironicamente de modo mítico, e assim facilmente transmissível pelos meios de comunicação e pelas escolas. Muitos a chamaram de "tradição recebida".

Só na segunda metade do séc. XX tal narrativa começou a ser questionada. Historiadores da ciência se profissionalizaram e, revisitando documentos de época, notaram que não havia duas histórias, mas uma só, a do Ocidente moderno (também a história da ciência na Idade Média foi revisitada). Filósofos da ciência com um interesse histórico, como Thomas Kuhn (1922-1996), organizaram novas narrativas, onde o progresso da ciência é colocado em um contexto mais amplo também caracterizado por retrocessos, ambiguidades e falsas pistas. O próprio "método indutivo" é revisitado, e sugere-se tanto que nenhuma observação ou experiência é feita sem uma teoria prévia quanto que os resultados obtidos por tais métodos não nos podem dar certezas em termos de conhecimento.

Modernidade e secularização

Ao se falar do Ocidente moderno, pode-se perguntar o significado e o impacto do uso do termo "moderno". Voltando um pouco no tempo, a emergência dessa concepção de ciência a partir do séc. XVII constitui uma grossa fatia da história do que chamamos de "modernidade", uma configuração do ocidente europeu que envolveu, além do conhecimento, a política, a economia, as relações sociais, a religião etc. É a esta última que devemos prestar agora um pouco mais de atenção. O questionamento da velha ordem política, onde as Igrejas estavam intimamente ligadas ao modelo monárquico então vigente, levou ao que gradualmente se chamou de "secularização" (o dirigir nossas energias para "este mundo", ao invés de se preocupar com o "outro mundo"). Não coincidindo mais com o tecido social e a esfera pública, a religião e as igrejas passaram a ser vistas como entidades ao lado de outras, subordinadas às leis do estado moderno e secular. A religião é recolhida ao âmbito privado, e seu conhecimento é reduzido a uma determinada crença de uma Igreja particular. O único conhecimento público, oficial, é o científico, conforme indicado.

Seja pelo contínuo questionamento da ordem antiga, seja pela reação por vezes virulenta de agentes religiosos, a secularização foi particularmente forte no seio da comunidade científica, a ponto de muitos cientistas se tornarem agnósticos e ateus. Voltamos então à imagem de conflito, já descrita no cap. I. Para muitos cientistas, pelo menos desde o séc. XIX, a religião havia se tornado inimiga do progresso científico e, em uma postura mais elitista, considerada como algo próprio de pessoas menos instruídas. Posturas como essas caracterizam o que veio a ser chamado de "cientificismo", um termo hoje com uma conotação bastante negativa.

Aplicando aspectos mencionados anteriormente ao tópico da secularização, a seguinte cadeia de raciocínio se torna possível: se o mundo funciona de maneira mecânica, não há necessidade de um Deus que o regule e explique.[1] Se o único conhecimento seguro é obtido pela observação e pela experiência, então o conhecimento por Revelação não se mantém, nem é necessária uma Igreja que o interprete. Se o método indutivo pode ser aplicado a qualquer área do conhecimento, então as questões morais e espirituais também podem ser tratadas no âmbito científico. Associado a isso, se a redução das ciências tem sido bem-sucedida, então os mais sublimes sentimentos religiosos podem ser ultimamente explicados em termos psicológicos e biológicos. Resumindo, essa sequência lembra o segundo movimento da modernidade indicado no início do cap. II, que desqualifica qualquer noção de conhecimento religioso, de revelação.

Essa sequência de raciocínios não é necessária, e de fato a leitura da história moderna feita em torno do conceito de secularização tem sido alvo de críticas. Com o auxílio de estudos históricos e empíricos, o que se vê hoje são múltiplas modernidades e ressignificações religiosas, que não permitem que se pense em termos de uma lei histórica, nem no desaparecimento da religião no espaço público.[2]

Mesmo assim, essa narrativa se tornou atraente para muitos no âmbito da ciência. Podemos reconhecer duas versões dessa atração, a forte e a fraca. A forte é o neoateísmo, como descre-

---

1 Ver a famosa frase de Laplace, quando questionado por Napoleão sobre a presença de Deus em seu sistema do mundo: "Senhor, eu não tive necessidade desta hipótese".

2 Ver, p. ex., J. J. LEGORRETA ZEPEDA, *Secularização ou ressacralização?*

veremos a seguir; a fraca é a dos "magistérios não interferentes", que veremos no próximo capítulo.

Natureza desencantada, neoateísmo e a ausência de Deus

Vamos nos restringir aqui ao neoateísmo anglo-saxônico que, como já dito, é representado por figuras proeminentes como Daniel Dennett e Richard Dawkins. Todos partem do princípio (ressaltado pela teoria da secularização clássica) que a natureza se explica a si própria, sem a necessidade de um "outro mundo".[3] Além do mais, sendo nós o produto dessa natureza, não podemos reclamar uma posição especial em seu âmbito. Funcionando ela por leis próprias, mecânicas (ou seja, sem uma finalidade), não há por que nós esperarmos que a natureza seja "boazinha" para conosco. Ainda nos anos 1970, Jacques Monod (1910-1976) ponderou que "o homem está sozinho na imensidão indiferente do Universo, de onde emergiu por acaso. Não mais do que seu destino, seu dever não está escrito em lugar algum".[4] Anos depois, Steven Weinberg (1933-) bateu na mesma tecla: "Quanto mais compreensível parece o universo, mais vazio de significado ele parece também".[5]

Essa ausência de propósito nos mecanismos da natureza é um dos temas principais das obras de Richard Dawkins. Seu

---

3 Na muito citada frase do divulgador da ciência Carl Sagan (1934-1996), "o Cosmos é tudo o que existe, o que existiu ou que existirá".

4 Jacques MONOD, *O acaso e a necessidade*.

5 S. Weinberg, apud BARBOUR, *Quando a ciência encontra a religião*, p. 64.

livro *O relojoeiro cego*, por exemplo, é dedicado a desmontar tanto uma imagem clássica (a de Deus como um relojoeiro, comum na teologia natural britânica) quanto a mostrar que mecanismos simples que guiam a evolução natural são capazes de criar toda a complexidade, ordem e beleza que hoje conhecemos. Por isso, ele pode concluir em outro momento: "O Universo que observamos tem precisamente as propriedades que deveríamos esperar se, no fundo, não há projeto, propósito, bem ou mal, nada a não ser a indiferença cega, impiedosa... O ADN [DNA] não sabe nem se importa. O ADN apenas é. E nós dançamos de acordo com a sua música".[6]

Bem, se nós somos por natureza apenas marionetes dos genes, por assim dizer, então de onde vem a beleza, a moral, o amor e a justiça? A resposta é comum a várias correntes do pensamento moderno: do acordo entre os homens, que vão aprendendo e definindo ao longo da história o que é belo, justo e verdadeiro, e agem de modo a maximizar isso – não há necessidade de um "outro mundo" para tanto. Se nos seus primórdios a humanidade caminhava no plano animal, aprendeu a duras penas o que é ser humano. E pelas ciências (naturais e humanas), aprendemos a ver as regularidades que permitem o progresso, e optar por plasmá-las para nosso bem-estar e dos outros. Enfim, a natureza não ensina, apenas facilita; nosso destino está em nossas próprias mãos. Assim continua S. Weinberg, na mesma página que citamos acima:

6 Richard DAWKINS, *O rio que saía do Éden*, p. 117.

> Mas se não há conforto nos resultados da pesquisa, pelo menos há uma certa consolação na pesquisa mesma. Homens e mulheres não se contentam com o conforto de narrativas de deuses e gigantes, ou de confinar seus pensamentos às preocupações diárias. Eles também constroem telescópios e satélites e aceleradores, e sentam-se em suas escrivaninhas para o trabalho incansável de extrair sentido dos dados que coletam. O esforço para entender o universo é uma das pouquíssimas coisas que elevam a vida humana acima do nível da farsa, e lhe dá algo da beleza da tragédia.[7]

Assim sendo, esses cientistas dão um passo além: sugerem que a prática científica é o melhor exemplo de tal aprendizado, e que assim a própria ciência forneceria modelos, métodos e princípios para um humanismo autêntico. Na sequência lógica, se a religião apresenta lá seus aspectos positivos, a ciência, agora firmada em um conhecimento seguro da realidade, pode substituí-la com grande vantagem. É isso que se pode deduzir também da passagem de Weinberg. E de acordo com Richard Dawkins, uma vida pautada de acordo com os princípios da ciência substitui a religião no que ele considera serem as quatro principais funções desta: explicação, exortação, consolo e inspiração.[8]

Chegamos, enfim, a um mundo completamente secularizado, onde o que a religião tinha de ruim (p. ex., o sobrenaturalismo, a violência) é erradicado, e o que tinha de bom é atualizado com vantagem com um humanismo moderno pautado pela ciência. É esta a última palavra desse projeto emancipador?

---

7 S. Weinberg, apud BARBOUR, p. 64.

8 Richard DAWKINS, *Deus: um delírio*, p. 439ss.

Como veremos no capítulo VI, não é, pois na própria esteira do progresso científico se propõe hoje um pós-humanismo que recolhe e sobrepuja o melhor do humanismo. Mas daí também, ironicamente, a secularização é transcendida.

De qualquer maneira, fica claro que nesse quadro o diálogo entre ciência e religião se torna supérfluo: não há mais a figura de um interlocutor, como um teólogo ou um filósofo, pois o cientista incorpora em sua própria pessoa os papéis desses últimos. Como diz o fundador de um movimento chamado de "terceira cultura", John Brockman (1941-), que congrega muitos pesquisadores de ponta: "A terceira cultura [as primeiras duas seriam a científica e a humanista] assenta no trabalho experimental e nas especulações teóricas de cientistas e outros pensadores do mundo empírico que têm vindo a ocupar o espaço dos intelectuais tradicionais no esclarecimento do sentido mais profundo da vida, redefinindo quem somos e o que somos".[9]

Mas tais afirmações claramente ultrapassam as evidências empíricas, tanto de cunho histórico como sistemático. Já constituem a parte mais recente do mito fundador da ciência moderna, coroando uma caminhada de quatro séculos. Pode-se argumentar, portanto, que elas mais caracterizam um processo de persistência do religioso, o que veremos nos capítulos V e VI.

---

9 Apud Eduardo CRUZ, *Cientistas como teólogos e teólogos como cientistas*, p. 176-177.

Questões

1. Procure investigar a noção de ciência com a qual você próprio tem operado até aqui.
2. O que diferencia o mecanicismo da ciência daquela metáfora comum do mecanismo, o relógio?
3. Que ideias lhe surgem à baila quando se fala de "secularização"?
4. Por que a natureza seria indiferente a nossos desejos e propósitos, na visão de muitos cientistas?

Bibliografia sugerida

BARBOUR, Ian. *Quando a ciência encontra a religião*: inimigas, parceiras, estranhas? São Paulo: Cultrix, 2004.

CRUZ, Eduardo R. (org.). *Teologia e ciências naturais*: teologia da criação, ciências e tecnologia em diálogo. São Paulo: Paulinas, 2011.

MCGRATH, Alister. *O Deus de Dawkins*: genes, memes e o sentido da vida. São Paulo: Shedd Publicações, 2008.

NOMA: COEXISTÊNCIA ENTRE DIFERENTES

OBJETIVOS

- Elucidar o conceito de "magistérios não interferentes", que ressalta a independência entre ciência e religião.
- Apresentar as críticas feitas a esse conceito e a necessidade de se restabelecer o caráter cognitivo da religião.

O ateísmo algo grosseiro e militante, descrito no capítulo anterior e muito aplaudido na mídia, é visto com certa cautela no meio da própria comunidade científica, não muito afeita a polêmicas complexas. A maioria dos cientistas, ateus ou crentes, prefere, portanto, uma segunda versão do entendimento do impacto da nova ciência no mundo religioso: o NOMA,[1] "magistérios não interferentes".

1 Iniciais para *Non-Interfering magisteria*.

Quem o propôs na sua forma atual foi um famoso biólogo e divulgador da ciência, Stephen J. Gould (1941-2002). Para ele, a ciência e a religião (ainda utilizando o singular) representam na atualidade dois magistérios, ou seja, dois repertórios autoritativos para como o homem deve conhecer e proceder. Seu propósito é superar o "suposto conflito entre ciência e religião". A melhor maneira de fazê-lo seria reconhecer de uma vez por todas que elas falam de coisas diferentes, portanto, não têm por que competir. Ainda de acordo com ele:

> A ciência tenta documentar o caráter factual do mundo natural, desenvolvendo teorias que coordenem e expliquem esses fatos. A religião, por sua vez, opera na esfera igualmente importante, mas completamente diferente, dos desígnios, significados e valores humanos – assuntos que a esfera factual da ciência pode até esclarecer, mas nunca solucionar.[2]

Também essa é a visão predominante no meio científico brasileiro, como podemos ver nas seguintes palavras do físico e divulgador da ciência brasileiro, Marcelo Gleiser (1959-):

> Então a ciência está preocupada com a descrição do mundo material, do mundo psicológico também e do mundo orgânico, do mundo vivo. A ciência não tem nada a dizer sobre escolhas éticas que as pessoas devam fazer. Se uma pessoa querida morre, você não vai ler um livro do Einstein para procurar um consolo sobre essa perda emocional, você não vai obter através da ciência, vai obter de outras formas, algumas pessoas através da religião, outras pessoas de outras

2 Stephen J. GOULD, *Pilares do tempo*, p. 11; 12.

> formas que não precisam ser necessariamente religiosas. Quando se faz esse discurso entre ciência e religião, é muito importante que as coisas tenham as suas áreas de atuação bem definidas. O objetivo da ciência é aliviar o sofrimento material do homem, através de medicina, através de tecnologias, do conhecimento do mundo etc. A função da religião é aliviar o sofrimento espiritual do homem. São coisas diferentes.[3]

Essa saída parece matar dois coelhos de uma cajadada só: de um lado, atende a uma concepção de ciência e religião que soa bem aos ouvidos das maiorias das pessoas, especialistas ou leigas. Por outro lado, dá certo conforto psicológico, pois parece enterrar o assunto de uma vez por todas, fazendo os atuais defensores da metáfora do conflito parecerem ridículos. Mas essa aparente trégua no "conflito", essa convivência pacífica trai pontos mal resolvidos, que passaremos a explorar.

Partimos da constatação de que os cientistas não sabem direito o que fazer com a experiência religiosa e com os teólogos. Por costume ou respeito, valorizam o que os interlocutores trazem consigo, mas fica difícil encaixar com a prática científica. No âmbito universitário, onde o conhecimento é valorizado, a teologia fica em um lugar meio desconfortável, meio que "café com leite" – tanto sua presença como sua ausência em nada mudariam a prática do conhecimento.

---

[3] Marcelo GLEISER, *O homem e os caminhos da ciência do século XXI*. Conferência promovida pela Universidade São Marcos, São Paulo, 2004. Disponível em: <http://www.universodoconhecimento.com.br/cms/images/stories/CiclosAnteriores/2004/Marcelo_Gleiser/textos/gleiser.pdf>. Acesso em: 15/01/2011.

O que sobra à teologia (religião)? Retomando algo já dito anteriormente, primeiro se tem a dimensão moral. Na modernidade, a religião teve valorizado o seu lado moral – a arte do comportamento adequado, perante si próprio e os outros. É bem conhecido o lado negativo dessa associação – pessoas religiosas sendo retratadas como moralistas, rígidas, rancorosas etc. Mas há o lado positivo, aquele dos valores que nos foram legados pela tradição judaico-cristã, e que podem instruir o indivíduo desejoso em contribuir para uma vida sã e uma sociedade justa. Assim os cientistas intuem que, não fornecendo a ciência valores e diretrizes para o comportamento moral, caberia à religião o papel de cultivá-los.

Segundo, a dimensão de sentido. A modernidade também viu a religião como sentimento e experiência de comunhão com algo mais elevado, sublime. A religião não deixa de fornecer uma resposta para questões como: de onde vim? Para onde vou? Qual é o sentido das coisas e de meu lugar no fluxo delas? Há vida após a morte? Que sentido tem eu me comportar dignamente, ao invés de simplesmente aproveitar da ingenuidade e da boa vontade alheia? Atualmente, essa vivência de sentido recebe nomes como "espiritualidade" e "religiosidade", podendo ocorrer tanto no plano individual como no social.

Mas, novamente, será que esses papéis supostos pelo NOMA são satisfatórios? A resposta tende para o não, pelos motivos que detalhamos a seguir.

Objeções à proposta da coexistência pacífica

Em primeiro lugar, a modernidade também promoveu o pluralismo religioso. Isso ocorreu principalmente pela privatização da religião. Essa passa a ser uma questão de foro íntimo, como se diz, não cabe ao estado promovê-la ou administrá-la. Ao Estado cabe a economia, a defesa, o bem-estar social, a educação, a ciência e a tecnologia. Como já mencionamos antes, o caráter público dessas atividades faz com que o Estado legisle sobre elas, padronizando-as. Por exemplo, só há uma ciência oficial, aquela desenvolvida em Universidades que são bem controladas pelos Ministérios da Educação e da Ciência e Tecnologia. Pode haver outras formas de conhecimento, mas elas são mantidas por grupos particulares, privados, sem apoio do Estado e com a suspeita desse.

No caso da religião, não há a oficial: todas são consideradas iguais pelo Estado, expressões de grupos particulares e de adesão voluntária. No que tem de pior, isto é chamado de "relativismo": as verdades das crenças religiosas são relativas aos grupos que as sustentam, não têm validade no âmbito público. Isto vale também para as prescrições morais. Associado ao relativismo, temos que a modernidade retirou da religião seu caráter de conhecimento – estando ligada mais às emoções e criações humanas, ela nada acrescentaria à nossa visão de realidade.

Não há, pois, uma religião oficial, e a pluralidade religiosa implica diversas concepções de moral de produção de sentido, muitas vezes contraditórias entre si. Do lado da ciência, essa é pública, homogênea e universal. Em sendo assim, não há dois magistérios independentes, porque o primeiro deles nem sequer constitui um magistério.

Além disso, como veremos mais adiante, essa postura violenta à autoconsciência de fiéis e teólogos. Essas pessoas de fato entendem (mesmo inconscientemente) que, através das doutrinas e práticas religiosas, têm um acesso privilegiado à realidade, complementando aquele proporcionado pelas ciências experimentais. Mas por ora basta dizer que o NOMA encontra aí um problema de fundo, ao reconhecer a dimensão de conhecimento só para a ciência.

O segundo motivo de insatisfação é que, reduzindo-se a ciência só a um corpo de conhecimento, vai-se contra a própria vivência na comunidade científica. Ora a ciência é também uma prática humana, envolvendo valores e questões de sentido. Vemos isso claramente em áreas de pesquisa que lidam com o próprio ser humano, como ciências cognitivas, neurociências, medicina reprodutiva etc. A própria cosmologia, na contemporaneidade, lida com questões de origem e destino, questões de fundo que antes eram trabalhadas pelos mitos nas religiões. Essa continuidade é com frequência reconhecida por vários cientistas, como Marcelo Gleiser. Críticas várias e pertinentes também são feitas pelos "novos ateus", como Richard Dawkins. Ele dedica uma seção inteira de seu *Deus, um delírio* para expor o NOMA como pouco mais que uma "fraude", seja pelas razões indicadas, seja porque não haveria um conhecimento religioso que pudesse fornecer uma explicação para além daquilo que a ciência pode dar. Além disso, as religiões pouco podem reivindicar em termos de superioridade moral.[4] A teologia surge aqui, novamente, como "café com leite".

Interessante que os próprios teólogos se prestam a uma perpetuação do NOMA. De fato, há uma tradição no pensamento ocidental chamada de hermenêutica (ciência da interpretação), que com Wilhelm Dilthey (1833-1911) postulou uma divisão entre ciências naturais e humanas. As primeiras seguiriam a tradição recebida, positivista, pressupondo o método indutivo e a organização dos dados a partir de leis. As segundas seriam interpretativas, valorizando o histórico e intencional, não o que é uniformizado por leis. Essa divisão radical têm sofrido várias críticas, seja pela expansão do conceito de "explicação" (não mais estritamente Newtoniano), seja pelo reconhecimento que toda ciência envolve um momento interpretativo. Mesmo assim, muitos teólogos no séc. XX passaram ao largo desses desenvolvimentos na filosofia da ciência. Ao se afastarem do modelo dedutivo do neotomismo, defenderam que a teologia seria uma ciência hermenêutica, que utilizaria e interpretaria os dados da experiência cotidiana em geral e da experiência religiosa em particular, e das ciências empíricas. Nessa perspectiva, também não haveria conflito entre ciência e teologia, pois cada uma seguiria princípios e métodos diferentes. Mas querendo ou não, a teologia tradicionalmente tem a pretensão de apresentar cenários do real onde Deus seja o protagonista, o que sem dúvida interpela os cenários apresentados pelas ciências, e vice-versa.

---

4 R. DAWKINS, *Deus, um delírio*, p. 85-93.

Uma breve nota sobre o lugar da revelação

Com isso, podemos retomar brevemente o tema da revelação. As três religiões monoteístas repousam sobre a convicção que uma série de verdades lhes foi revelada, verdades essas que não poderiam ter sido obtidas pelo nosso limitado intelecto. Vimos também o quanto essa convicção sofreu de desgaste na modernidade. A postura NOMA joga, de certa forma, uma pá de cal sobre ela, pois a torna irrelevante – bastaria a sabedoria prática que nos foi legada pela tradição.

O desafio que nos vem pelo menos desde o séc. XIX permanece: como sustentar uma revelação como fonte de conhecimento válido, sem que se recorra unicamente ao testemunho e à fé? Como tornar razoável a postura de que a realidade vai além do que aquilo que a ciência da natureza nos pode oferecer e que essa realidade é também cognoscível por uma revelação, adequadamente entendida? Não temos nenhuma pretensão de oferecer respostas nesse sentido (ver o dicionário *DISF*, citado mais adiante, para os verbetes relevantes), mas sim apenas destacar aqui a envergadura do problema.

Outro motivo para que o problema da revelação seja enfrentado adequadamente é a grande extensão do engano e do autoengano na experiência humana. Pelo menos desde Hume, no séc. XVIII, tem-se associado a religião ao engano: as ideias religiosas seriam projeções da mente humana, ilusões ligadas ao desejo, não havendo um "lá fora" que nos revele algo a mais daquilo que já está na nossa própria consciência. Quando pensávamos que tínhamos dado uma resposta adequada a Freud no que diz respeito a tal ilusão, as ciências evolutivas da religião (já mencionadas) batem na mesma tecla, com mais força e mais evidências empíricas. É hora, portanto, de retomar com vigor as condições sob as quais se pode afirmar que as religiões conhecem algo, que possa ser sistematizado pela teologia, e admitindo-se a possibilidade que nesse algo ressoe uma realidade exterior a nós.

Em resumo, o NOMA é uma posição oficiosa da maioria dos cientistas e teólogos, pois permite que se trabalhe com a consciência tranquila em seus respectivos campos, sem criar animosidade. Mas essa postura pouco resiste a um esforço mais criterioso de análise, e diz pouco respeito à experiência efetiva da maioria das pessoas que, dada a importância da religião e da ciência hoje, procuram fazer todo tipo de nexos entre as duas. Este será o tema do capítulo a seguir.

Questões

1. Deixando de lado aqueles que defendem um conflito, como os professores de ciência na escola costumam caracterizar o relacionamento entre ciência e religião?
2. E a experiência do Ensino Religioso ser visto como "café com leite" na escola, como tem a ver com concepções contemporâneas de religião e ciência?
3. Que diferença faz tomar a religião como forma de conhecimento, no momento de reivindicar do Estado um estatuto público para o Ensino Religioso?
4. De que modo a revelação se torna para você algo compatível com as ciências modernas?

Bibliografia sugerida

BARBOUR, Ian. *Quando a ciência encontra a religião*: inimigas, parceiras, estranhas? São Paulo, Cultrix, 2004.

BETTO, Frei; GLEISER, Marcelo; FALCÃO, Waldemar. *Conversa sobre a fé e a ciência*. Rio de Janeiro: Agir, 2011.

GOULD, Stephen J. *Pilares do tempo*: ciência e religião na plenitude da vida. Rio de Janeiro: Rocco, 2002.

V

SÍNTESES ATUAIS: AVANÇO?

OBJETIVOS

- Conhecer as alternativas que se apresentam hoje como sínteses entre ciência e religião.
- Sugerir a razão por que essas propostas não são satisfatórias, defendendo a integridade tanto da ciência como da religião.

Em plena época de secularização, o séc. XX (entrando no séc. XXI) conheceu um bom número de experiências de cunho religioso, nas margens ou fora das religiões institucionais. Nossa intenção aqui é falar daquelas experiências que de alguma forma envolvem as ciências naturais.

De fato, dada a importância que as ciências adquiriram e o fascínio que têm exercido (principalmente na fronteira entre divulgação e ficção científica), elas ingressaram definitivamente no caldo de cultura da imaginação popular. Além disso, a física apresentou-nos um mundo estranho e distante do cotidiano, em escalas minúsculas (quânticas) e gigantescas (cosmológicas). A própria física, aliás, está ligada a avanços tecnológicos como a bomba atômica e as viagens espaciais, que também mexem na imaginação das pessoas.

Implícito na constatação está uma divisão tão conhecida quanto contestada, entre religião popular (e ciência popular) e religião de elite (e ciência oficial). Veremos que de fato essa separação é relativa, mas de qualquer modo permite-nos analisar um pouco mais o plano popular. Esse termo não supõe indicadores econômicos, como "classes C-E", mas sim o grosso da população "leiga", fora do círculo restrito de especialistas. Enquanto o NOMA é sustentado principalmente por elites letradas, as sínteses atuais emergem de baixo para cima, por assim dizer, como parte da cultura popular de classe média. Claro que há "gurus" (muitas vezes cientistas) por detrás delas, mas ainda assim dentro da cultura popular.

Comecemos pelos círculos religiosos esotéricos[1] que, como o nome sugere, valorizam certo tipo de conhecimento superior ao convencional, procurando reunir o material e o espiritual. Já no séc. XIX esses círculos sentiram a necessidade de mostrar que os respectivos conhecimentos eram compatíveis com os da ciência da época. Tal é o caso, por exemplo, da Teosofia e da Antroposofia.

Na segunda década do séc. XX, tanto a física quântica quanto a cosmologia do "Big-Bang" ganharam um impulso vigoroso

---

1 Trabalhamos aqui com uma noção bastante geral de esoterismo, associando-o a qualquer corrente de pensamento que valoriza um conhecimento salvífico, oculto pelo senso comum e pela ciência oficial. Ver também o volume de Silas GUERRIERO, *Novos movimentos religiosos*, desta Coleção.

e passaram a chamar gradualmente a atenção desses mesmos círculos. O movimento "Nova Era", a partir dos anos 60 do século passado, terminou também por abarcar essas releituras da nova física. Esses círculos sempre recusaram a visão de um mundo desencantado como proposto pelo mecanicismo, e por isso valorizavam abordagens contrárias do tipo organicista: a analogia básica não é a máquina, mas o organismo, onde as partes se organizam segundo uma intencionalidade dada. Havendo uma intencionalidade, a separação homem-natureza se dilui, e o homem participa das energias espirituais que a última contém. Uma tipologia desse movimento vai além do propósito desse livro, o que nos interessa mais é que tipo de síntese surge entre ciência e religião.

FÍSICA MODERNA E ESPIRITUALIDADE

No caso da física quântica, os esotéricos se apegam a algumas características de apreensão mais intuitiva, como: princípio de incerteza (que não se pode medir com precisão a velocidade e a posição de uma partícula simultaneamente); dualidade onda-partícula; entrelaçamento (certas propriedades de dois objetos quânticos estão ligadas entre si instantaneamente, não importa quão distantes estejam um do outro); e interpretação de Copenhagen (que o observador influi no resultado de transformações no plano quântico).

Os físicos reconhecem que essas propriedades são estranhas e contraintuitivas, mas não perdem muito tempo refletindo a respeito disso – o que lhes interessa é a possibilidade de fazer cálculos sobre elas. Mas desde o início da mecânica quântica, todo tipo de implicações espirituais foi retirado de sua estranheza. Algumas delas podem ser expostas assim: sendo o nosso um mundo indeterminístico (o que é só meia verdade), finalmente haveria um espaço para o livre-arbítrio e a liberdade; havendo uma dualidade onda e partícula, matéria e espírito não só não são opostos, mas funcionam segundo o mesmo padrão de complementaridade; o mundo não é atomizado, sendo os seres macroscópicos meras coleções de átomos – ao contrário, estamos todos conectados em sistemas que se influenciam mutuamente; há uma subjetividade imanente aos processos naturais, e assim a consciência humana é uma propriedade emergente do âmbito quântico, sem fronteiras espaço-temporais.[2] Uma proposta muito cativante que aos poucos se torna mais conhecida no Brasil é a do físico hindu-americano Amit Goswami, escritor de vários livros que defendem o chamado "ativismo quântico": uma nova ciência que liga a mecânica quântica e a consciência gera também uma nova visão de mundo, que pode dar lugar a atividades em prol do meio ambiente, da cooperação entre os homens e os povos etc.

Ainda no plano da recusa do mecanicismo, muitos se valeram das ideias do cientista russo-belga Ilya Prigogine (1917-2003), prêmio Nobel que trabalhou com termodinâmica longe do equilíbrio. O que importa para nós é que ele propôs uma "nova aliança" na compreensão da natureza, substituindo o que ele considera ser a velha aliança do mecanicismo de Galileu, Newton e Laplace.

---

2 Para uma breve discussão dessa "espiritualização" da mecânica quântica, ver Eduardo CRUZ, De "fé e razão" a "teologia e ciência/tecnologia", p. 26-27.

A ciência própria para essa nova aliança seria a termodinâmica que, à semelhança da teoria do caos, apresentaria um mundo indeterminado, imprevisível, aberto ao novo e à influência do tempo. O próprio Prigogine tirou consequências que foram muito além dos domínios iniciais de sua teoria, e nisso foi seguido por círculos esotéricos em busca de um mundo reencantado.

No caso da cosmologia, os mesmos anos 20 do séc. XX conheceram o desenvolvimento da cosmologia do "Big-Bang". O que se deve ressaltar aqui é que o universo deixa de ser estático, como nas cosmologias anteriores, mas possui uma história: uma origem (a "explosão" inicial) e um destino (há vários cenários concorrentes). De um lado, fizeram-se associações imediatas entre a origem do universo a partir de uma explosão inicial e a doutrina da criação *ex nihilo* do Cristianismo, o que vamos explorar a seguir. De outro lado, a imaginação popular também explorou vários aspectos da astronomia moderna e da cosmologia. Veja-se o caso das viagens espaciais, da visita de extraterrestres, das especulações sobre antimatéria, e conceitos estranhos como "buraco negro" e universos paralelos.

Diferentemente da mecânica quântica, porém, a cosmologia desperta a imaginação dos próprios cientistas, que extraem da história do universo diversos cenários funcionalmente religiosos. De fato, eles acabam operando como teólogos e ganham muito mais destaque na mídia do que aqueles convencionalmente entendidos como tal.[3] Stephen Hawking (1942-), essa figura

---

3 Para um detalhamento dessa história, ver Eduardo CRUZ, *Cientistas como teólogos e teólogos como cientistas*.

quase mítica da cosmologia, é o mais conhecido dentre esses cientistas, primeiro despertando a curiosidade sobre a "mente de Deus" em ação no Universo (*Uma breve história do tempo*) e depois tentando retirar, de modo algo amador, qualquer consideração sobre Deus na cosmologia (*O grande projeto*).

Nosso próprio Marcelo Gleiser comenta e explora aspectos dessa tendência, apesar de se declarar ateu:

> A cosmologia tenta construir uma narrativa que nos conta a história do cosmo. Esta história deve começar assim que o conceito de tempo passa a fazer sentido. Portanto, a cosmologia não quer apenas explicar por que o Universo é do jeito que é, mas por que o Universo é. Se tivermos sucesso, entraremos numa nova era da história das ideias: ao ser capaz de explicar a Criação, a razão humana seria equacionada com... sim, a mente de Deus! Vemos que não é tão surpreendente assim encontrarmos essa metáfora nos textos científicos.[4]

Outra noção que, provinda da cosmologia, alimenta a imaginação de teólogos e cientistas é a de "princípio antrópico", ou seja, a noção de que o universo tem exatamente as propriedades que possibilitam a emergência de vida inteligente – se houvesse uma pequena variação delas, nós não estaríamos aqui para admirar o cosmos. Muitos teólogos viram aí uma evidência de que este universo foi criado por um Deus que tem o homem como meta de sua criação. Cientistas contra-argumentaram dizendo

---

[4] Marcelo GLEISER, Matéria, antimatéria e existência. *Folha de São Paulo*, domingo, 30 de maio de 2010. Lembrar que Gleiser rejeita qualquer forma de sobrenaturalismo judaico-cristão.

que tal princípio não tem nenhuma causa transcendente, podendo ser explicado só em termos naturais. De qualquer forma, tal princípio continua despertando interesse na fronteira entre ciência e religião.

Curiosamente, foi um cosmólogo e padre, Georges Lemaître (1894-1966), que, colaborando para o advento da cosmologia do "Big-Bang" nos anos 30 do século passado, foi um dos primeiros a questionar o uso teológico da cosmologia. Como ele disse em uma ocasião:

> Pessoalmente, creio [que a teoria do átomo primitivo] fica inteiramente fora de toda questão metafísica ou religiosa. Deixa ao materialista a liberdade de negar qualquer ser transcendente... Para quem tem fé, ela exclui toda tentativa de familiaridade com Deus, como o "piparote" de Laplace e o "dedo" de Jeans [cosmólogo contemporâneo de Lemaître]. Isto se harmoniza com a palavra de Isaías ao falar do "Deus escondido", escondido mesmo no princípio da criação.[5]

Como vemos, tanto entre teólogos como cientistas, há posições divergentes sobre as ressonâncias espirituais da cosmologia. Mas todos concordam que inevitavelmente a imaginação humana é arrastada para elas.

Ainda outra via na busca de integração de dados científicos a crenças religiosas é a das grandes sínteses: a cosmologia entra como parte de cosmovisões que intencionam proporcionar um quadro compreensivo para o todo da realidade. O esforço mais

---

5 Georges Lemaître, *apud* Domique LAMBERT, *Ciências e teologia*, p. 128-39.

conhecido é a obra de Teilhard de Chardin, *O fenômeno humano*, mas um bom número de autores tenta isso hoje, desde aqueles mais próximos da ortodoxia da ciência até outros que podem ser compreendidos dentro do âmbito da "Nova Era". Essas sínteses tendem a ser monistas, ou seja, entendem matéria e espírito no mesmo plano, em geral com uma perspectiva panteísta.

Biologia e "criacionismo científico"

Também tendem ao monismo aqueles pensadores que têm como referência científica a biologia. Estes podem ser divididos em dois grupos que por vezes se identificam. O primeiro deles é o dos holistas. Foram populares no início do séc. XX pensadores (e mesmo cientistas) que valorizaram uma visão organicista da natureza. Quase como alternativa a uma visão mecânica e atomística dela, uma visão orgânica emprestava-lhe um caráter sistêmico e certa vitalidade. Ainda que as teorias organicistas tenham ficado obsoletas ao longo do tempo, o holismo permanece como uma visão de mundo popular, adotada por muitos teólogos. O segundo grupo, mais recente, é o daqueles que adotam uma espiritualidade ecológica. De fato, a preocupação de cuidado com a natureza inspira uma mística própria, que se tornou muito presente em termos mundiais e em círculos latino-americanos.

Podemos agora voltar a outro uso da referência científica à biologia: o criacionismo científico e seus congêneres. É bem diferente das duas referências anteriores, na medida em que não recorre a uma visão organicista da natureza, mas sim ao literalismo bíblico. É dualista, pois supõe uma distinção radical entre Deus, homem e a natureza. E por fim é cientificista, pois, ao combater a teoria da evolução darwiniana, o faz em nome de critérios rígidos (mas parciais) de cientificidade, com base em postulados heterodoxos. Mas também ele faz uso de resultados da pesquisa científica padrão, como já vimos, para promover uma ciência alternativa, que pretende harmonizar os seis dias da criação, entendidos literalmente, e uma seleção e "purificação" de tais resultados.[6] Tal reinterpretação está ligada à crença em um desígnio divino na natureza (tanto em um sentido de ordenamento como de finalidade) – esse desígnio termina por ser corroborado por uma variante mais recente e mais sofisticada do criacionismo, "o Desígnio Inteligente" (ID), apesar de seus proponentes negarem a identificação da ordenação proposta com o Deus bíblico. Deve-se destacar que há variantes do criacionismo estrito entre alguns grupos judeus ortodoxos, islâmico (principalmente na Turquia) e Hindu, mostrando que se trata de um fenômeno pujante e digno de consideração.

Por fim, no caso brasileiro, merecem ser mencionadas as propostas espíritas para o diálogo ciência e religião. Primeiro, por conta da importante presença espírita no Brasil, e segundo que foi sempre um movimento que, por conta de sua origem no ambiente positivista francês, prezou a confirmação científica de suas crenças. Ainda que parte expressiva dessa busca de confirmação se dê na área médica e psicológica, hoje há muitas referências a outras áreas da ciência, como as já indicadas. Há

---

6 Para uma apreciação mais detalhada desse movimento, ver Steven ENGLER, *O criacionismo*.

uma literatura vasta a respeito, produzida por espíritas e dirigida mormente ao público interno. Ainda que, infelizmente, muitos poucos estudos acadêmicos sobre essa perspectiva tenham sido conduzidos, parece haver uma tendência que é compartilhada por praticantes no Islamismo e no Hinduísmo, mas também no Cristianismo e no Judaísmo: o "concordismo" (ver capítulo II). No caso específico do Espiritismo, essa concordância é feita com relação aos escritos de Allan Kardec (1804-1869), que já antecipariam vários dos desenvolvimentos presentes na ciência contemporânea.

O QUE FAZER DIANTE DE TAL PANORAMA?

Como nota discordante, e pensando agora em termos mais gerais, pessoas religiosas ou teólogos, ao buscarem sínteses entre suas convicções e a ciência moderna, emitem juízos de valor sobre descobertas e teorias científicas contemporâneas. Com a dificuldade natural de averiguar o real significado das controvérsias científicas envolvidas, tais avaliações são também ingênuas, mal elaboradas e enganosas. Paralelos e associações apressados, como dizem com justa razão muitos cientistas, podem gerar adesão entusiástica a teorias científicas obsoletas e marginais. Essas associações têm grande poder de sedução, pois valorizam os possíveis aspectos espirituais do desenvolvimento científico sem ter que passar pelo rigor e pela aridez do trabalho envolvido na ciência. É bom lembrar que "cantos de sereia" também são sedutores, mas levam mais à desgraça do indivíduo do que à sua realização.

Em suma, neste capítulo procuramos descrever como, no séc. XX, cientistas de ponta atuaram como teólogos e, vice-versa, como muitos teólogos (ou outros pensadores com interesse religioso, seja tradicional, seja alternativo) emitiram opiniões sobre o que ocorre na seara científica, levando a sínteses nem sempre apropriadas. De fato, os cientistas, na medida em que consideram supérfluo o trabalho dos teólogos, ao mesmo tempo fazem uma teologia a seu modo (lembrar que mesmo um discurso negando Deus não deixa de ser uma reflexão teológica). Essa teologia, de caráter amador e ignorando a rica tradição religiosa, leva a conclusões de dúbio valor cognitivo.

Parece que qualquer esforço válido de estabelecer um diálogo entre ciência e religião tem que manter a tensão existente entre os princípios de relevância e neutralidade, que dizem respeito a esses dois polos (conforme já descritos). No próximo capítulo vamos apresentar alguns caminhos que nos parecem mais apropriados para a difícil tarefa de aproximar a ciência da religião.

Questões

1. Que contato você já teve com propostas espirituais que contêm o termo "quântico" como adjetivo?
2. O que "monismo" e "dualismo" significam na interface entre ciência e religião?
3. De que forma ideias criacionistas e do movimento ID surgem em seu cotidiano?
4. Que escritos você conhece que podem ser associados ao "canto de sereia" mencionado?

Bibliografia sugerida

GUERRIERO, Silas. *Novos movimentos religiosos*: o quadro brasileiro. São Paulo: Paulinas, 2006. (Col. Temas do Ensino Religioso).

LAMBERT, Dominique. *Ciências e teologia*: figuras de um diálogo. São Paulo: Loyola, 2002.

POLKINGHORNE, John. *Explorando a realidade*: o entrelaçamento de ciência e religião. São Paulo: Loyola, 2008.

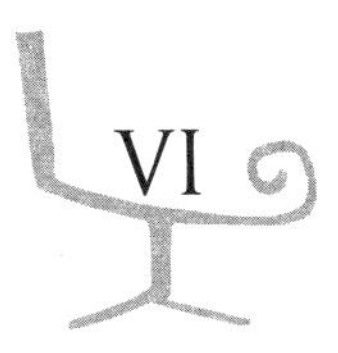

SECULARIZAÇÃO? CAMINHOS PARA SUGERIR A RELEVÂNCIA DO DIÁLOGO CIÊNCIA-RELIGIÃO

OBJETIVOS

- Sugerir um caminho possível para se superar os impasses do presente, com uma crítica da teoria da secularização, e a noção de "religiões seculares".
- Apresentar as tarefas à frente, como as históricas, epistemológicas, ontológicas e éticas, como lugares possíveis de diálogo.
- Indicar a narrativa como elemento comum entre a ciência e a religião.

Como sugerimos nos capítulos anteriores, o tema da secularização é retrabalhado hoje, dada a explosão de manifestações religiosas que se veem na contemporaneidade e que são disseminadas inclusive pela Internet. Alguns analistas falam de uma ressecularização, dado o aumento da pluralidade religiosa, na medida em que as religiões tradicionais perdem o monopólio sobre os fiéis. Ainda outros falam que nunca houve secularização propriamente dita, mas sim um deslocamento do sagrado para outras esferas: não só o aumento da pluralidade religiosa, como indicado, mas também o maior destaque dado a religiões "seculares", ou seja, manifestações cívicas que não recebem o rótulo de religião, mas que apresentam características comuns a essa.

Já se mencionou o cientificismo, que muitos consideram que seja uma religião secular. Os novos ateus se defendem, dizendo que a ciência não é uma religião, recorrendo à tolerância na sociedade baseada na ciência, ao espírito crítico, ao respeito aos dados empíricos etc. Todavia, apesar dessas considerações de cunho mais ideal, a prática de muitos grupos científicos parece assemelhar-se a uma religião – há rituais e símbolos e, de modo mais estereotipado, mito, evangelização, missionários, sacerdotes, textos sagrados, santos (como Darwin) e mártires (Galileu) etc.[1] Este aspecto não escapou da atenção de pessoas religiosas, querendo tripudiar sobre o "rei nu" que seria a ciência. Mas tal atitude apenas exacerba a metáfora do conflito, que apontamos.

Por tal motivo, muitos cientistas colocam-se na defensiva, seja em face desse entrincheiramento de pessoas que se aproveitam da fraqueza da ciência, seja em face de sínteses fáceis, como expostas no capítulo anterior. Nesse clima, seria possível o diálogo efetivo entre teologia e ciência?

---

1 Ver, para tanto, o ensaio de Marcelo CAMURÇA, Religiosidades científicas hoje: entre o secular e o religioso.

Nossa resposta passa pela metáfora da "porta estreita" do Evangelho: "Entrai pela porta estreita. Larga é a porta e espaçoso o caminho que leva à perdição, e muitos os que entram por ele; quão estreita é a porta e apertado o caminho que leva à vida, e poucos são os que o encontram!" (Mt 7,13-14). Sem dúvida, este trecho foi um pouco desgastado ao longo dos séculos por grupos que procuravam justificar o próprio sectarismo purista. Também justificou uma rejeição ao "mundo", onde o saber mundano poderia ser incluído. Porém, podemos adaptá-la ao tema em pauta. Vejamos: a porta larga conduz ao não saber. Sínteses fáceis, que não levam em conta a complexidade da natureza e da aquisição do conhecimento, e escaramuças entre grupos muito presos às suas próprias certezas, passam por essa porta. A porta estreita, portanto, é a menos conhecida e a mais exigente, a que pode levar a um diálogo frutífero, a despeito das condições adversas.

Porém, não é o caso de se propor algo inédito aqui, como se os esforços feitos até o momento tivessem sido todos de segunda categoria ou em vão. De fato, nosso propósito é de expor caminhos interessantes que têm sido trilhados nos últimos anos. Em termos de premissas, temos duas principais: primeiro, que a ciência deve ser levada a sério, e através de seus porta-vozes mais gabaritados. Para usar uma expressão inglesa, temos que nos situar no *mainstream* (corrente principal), quer ele nos pareça ou não ser compatível com a religião. Não importa se esses porta-vozes nos pareçam cheios de si e julgando que têm todo o conhecimento do mundo. O que importa é seguir as consequências das teorias e achados científicos até onde eles puderem nos levar, dando aos cientistas o benefício da dúvida.

A segunda premissa vem da parte da teologia e das tradições religiosas. Nenhum de nós parte do zero, como se estivéssemos em posição de julgar o que nos antecedeu como mera pré-história do futuro que pretendemos construir. Religião tem tudo a ver com tradição e memória, não podemos descartar sem mais credos e rituais que parecem nos fazer ridículos aos olhos de pessoas informadas pela ciência. Assim, o caminho é o de procurar valorizar mais tais credos e práticas, e reinterpretá-los adequadamente à luz dos conhecimentos de que hoje dispomos.

Premissas dadas, passemos às tarefas. Primeiro, a reconstrução histórica, conforme já indicada nos primeiros capítulos. Sem percorrer a história do pensamento ocidental (e hoje, aos poucos, também do oriental), seremos sempre arrastados por mal-entendidos que foram surgindo durante a trajetória dele. Mas não só a história das ideias, também deve ser incluída a das instituições, da economia e da política, das mudanças culturais e tecnológicas. Limpando-se um pouco dos "mitos_1" que foram sendo acrescentados nos últimos séculos, os pontos de aproximação entre religião e ciência surgem com mais clareza (ver o livro de Ronald Numbers citado).

Segundo, a tarefa epistemológica: como o ser humano conhece e quais são os limites do conhecimento obtido? Muito se tem escrito na área de filosofia da ciência recentemente, mostrando a adequação desta ao aparato cognitivo humano – é o ser humano que conhece, independentemente do âmbito do resultado deste ato. Muito se escreve, por exemplo, do papel de analogias, metáforas e modelos em ciência. Esta não pretende falar da realidade tal qual é, mas apenas fornecer simulações, retratos, de como a natureza se comporta e suas características. Curiosamente, tal modéstia também caracterizou a teologia: esta sempre enfatizou que todo discurso sobre Deus é analógico, com nossa linguagem e seus limites. Há de ambas as partes o reconhecimento de que a realidade aparece para nós de modo essencialmente ambíguo – não há como, a partir de procedimentos puramente lógicos, dar conta da complexidade do real. A linguagem analógica é, portanto, essencial e surge, muitas vezes, na forma de mitos ("mito_2"). A própria ambiguidade pode ser representada a partir da narrativa da árvore do conhecimento do bem e do mal. O mito, portanto, coloca-se como um horizonte comum para a ciência e a teologia (principalmente na divulgação para os leigos), como tem sido destacado por várias pesquisas recentes. Ao falarem da capacidade humana de contar histórias, elas também indicam o papel dessa capacidade para o processamento de conhecimento em geral – dicotomias entre "fé" e "razão" precisam ser reavaliadas à luz do que conhecemos hoje.

Terceiro, a tarefa ontológica: apesar de não podermos conhecer a realidade tal qual é, pelo menos supomos que ela é externa em grande parte e exterior a nós, e nos precede. A perspectiva que atende a isso é a realista (em contraposição a outras mais agnósticas, como o instrumentalismo, ou que valorizam por demais o papel do sujeito conhecedor na apreensão dos fenômenos, o idealismo). A maioria dos cientistas é realista, ainda que estejam mais interessados naquele subconjunto da realidade a que chamamos de natureza. Conforme vimos, a teologia deve superar a tentação de uma saída estratégica para fazer face à Ciência, ao sugerir que não teria uma intenção cognitiva de descrever a realidade em sua dimensão mais profunda. O destino comum de ambas as abordagens parece solicitar outra metáfora, também tirada dos Evangelhos: "Abrirei a boca para proferir parábolas, proclamarei coisas escondidas desde a fundação do mundo" (Mt 13,35b). Sem essa função de desvelar o real, junto com todo o caminhar da humanidade, e com todos os limites de nossa linguagem, ciência e teologia perdem sua razão de ser.

Por fim, a tarefa ética. Muita se fala da responsabilidade social da ciência e também, por outros caminhos, da teologia (ver toda a caminhada da Teologia da Libertação na América Latina). Não só o social, mas também, e com cada vez mais força, a responsabilidade pela própria natureza: diante dos desafios ecológicos que são vividamente apresentados nos meios de comunicação, e cada uma à sua maneira, ciência e teologia têm oferecido recursos valiosos para uma mudança de consciência e de ação entre nós.

Outro âmbito que exige esforços similares é o da bioética. De fato, o próprio avanço das ciências biológicas e médicas tem permito algo inédito na história da humanidade: a manipulação de nosso genoma e, consequentemente, de nossa natureza, daquilo que caracteriza o indivíduo e a espécie humana de modo mais radical. Temos em primeiro lugar temas mais tradicionais: aborto e eutanásia, manipulação de células-tronco e bebês de proveta etc. Mas a pesquisa não caminha somente no sentido de aliviar nosso sofrimento.

Paralelamente a avanços na computação, na robótica, nas neurociências e na nanotecnologia, já se faz a pergunta própria do séc. XXI: até onde temos apenas uma extensão da tarefa multissecular, a de cura das doenças e a reparação de problemas em nosso organismo, e quando passamos ao aperfeiçoamento puro e simples, na forma de um pós-humano? Para muitos atualmente, a humanidade não precisaria viver mais em um "vale de lágrimas" e, com o advento de robôs, ciborgues e seres virtuais, eles dizem que poderemos ultrapassar nossa finitude e nossos limites – os homens poderiam se tornar como deuses, sem a maldição do jardim do Éden. Parece ficção científica, mas muitos recursos financeiros e humanos têm sido despendidos exatamente em atingir este objetivo. Trata-se de propostas de tipo "trans-humanista", e muitos analistas têm tido oportunidade de traçar os aspectos religiosos delas.[2]

Por fim, pode-se destacar que o fator de haver um componente religioso na ciência não é necessariamente ruim. Cientistas costumam nutrir uma espécie de espiritualidade cósmica, sendo Einstein o mais sugestivo representante desse tipo de experiência. Também os próprios cientistas dizem haver entre eles uma atitude de fé, um modo de "ver coisas que não se veem" e viver hoje cenários que ainda se aguardam (lembrar de Hb 11,1). Mesmo que não admitam se tratar de uma fé religiosa,[3] funcionalmente é isso que ocorre. Em qualquer caso, o diálogo com a teologia se torna não apenas desejável como até necessário: conforme já mencionado, os cientistas desenvolvem uma teologia implícita, e não há nada pior que ela permaneça como tal. Falávamos antes que ciência e religião dizem respeito a planos diferentes da ex-

---

2 Para um esforço brasileiro nesse sentido, ver FELINTO e CARVALHO (2005).

3 Este é o caso da coletânea de John BROCKMAN, *Grandes ideias impossíveis de provar*. O título original em inglês é *What we believe but cannot prove*, que destaca o elemento de crença em face da imagem usualmente associada à ciência, a da prova.

pressão histórica humana. Sob a perspectiva da narrativa e dessa religiosidade cósmica, entretanto, o diálogo pode se dar no plano religioso mesmo, assim como já corre no diálogo inter-religioso.

Mais do que nunca, portanto, o avanço científico exige uma condução com sabedoria, valores morais e respeito à dignidade humana. Isso sem dúvida fornece uma ampla área de diálogo entre a ciência, a teologia e a experiência religiosa.

Sem muito alarde, pessoas, grupos e instituições têm-se dedicado a essas tarefas. Não é nosso propósito aqui contar a história desse esforço. A bibliografia ao final deste volume contém vários livros e sites relevantes para tanto. Além disso, o leitor algo versado em italiano ou inglês pode consultar o excelente *site Documentazione Interdisciplinare di Scienza e Fede* (www.disf.org), que contém, entre outros materiais, um extenso dicionário interdisciplinar que aos poucos está sendo traduzido para o português.[4]

E, em nosso país, o que tem sido feito? Também há alguns avanços que merecem destaque. Além de alguns centros dedicados ao tema de ciência e fé, de expressão regional, têm crescido as pesquisas sobre o tema em programas de pós-graduação em Teologia e Ciências da Religião no país, e são apresentados em congressos como os da SOTER e da ANPTECRE. Frei Betto e Marcelo Gleiser coroaram anos de interesse sobre o assunto com um diálogo franco, transcrito no livro *Conversa sobre a fé e a ciência*. Tem havido um número expressivo de traduções de textos

---

4 Giuseppe TANZELLA-NITTI; Alberto STRUMIA (org.). *Enciclopédia interdisciplinar de ciência e fé*.

relevantes, que podem ser conferidas na Bibliografia. Também lá podem ser encontradas algumas produções locais.

Questões

1. O que significa dizer que a "ciência é uma religião"?
2. A metáfora da "porta estreita" auxilia a entender o que está em jogo no trabalho escolar? Como?
3. Que conhecimento você tem dos esforços sendo feitos para estabelecer o diálogo entre ciência e religião?
4. E, na escola, como esse diálogo (ou ausência dele) ocorre ou pode ocorrer?

Bibliografia sugerida

HAUGHT, John F. *Cristianismo e ciência*: para uma teologia da natureza. São Paulo: Paulinas, 2010.

PETERS, Ted; Gaymon BENNETT (org.) *Construindo pontes entre a ciência e a religião*. São Paulo: Loyola/ Unesp, 2003.

SOTER 2009. *Religião, ciência e tecnologia*. São Paulo: Paulinas, 2009.

Conclusão

Ao longo dos capítulos procuramos mostrar como uma imagem muito comum, a do "conflito" entre ciência e religião (teologia), surgiu na história, suas causas, razões e o mito que se criou, que só agora vai sendo desconstruído. Também a presença do diálogo foi uma constante no mesmo período histórico (o que chamamos hoje de modernidade), mas tem sido muito menos notada pelos cientistas e pelas pessoas em geral.

Vimos que a percepção de "conflito" levou a várias estratégias, como a apologética pura e simples, a defesa intransigente de um saber cristalizado; ou a uma espécie de fuga, na forma do se tomar a religião e a teologia como empreendimentos não cognitivos, apenas ligados à moral, à experiência religiosa e ao sentido da vida; ou ainda a sínteses fáceis, em que a tensão latente entre ciência e teologia é substituída por um discurso unificado, uma presumida nova forma de se conhecer.

Tivemos a preocupação de esclarecer alguns termos, como os de religião e teologia, pois a confusão conceitual é também causa de percepção de conflito. Mas o próprio processo de secularização, sempre associado à ciência e a tecnologia, parecia ter reduzido a religião e a teologia à insignificância. Um novo ateísmo, surgido nos últimos vinte anos, parece ter exacerbado ainda mais essa percepção.

Não devemos encarar tais desafios de forma leviana. Apesar da tese da secularização ter sido questionada, e da experiência religiosa ser mais pujante hoje do que há alguns decênios, sem um embasamento na realidade tudo isso pode ser desqualificado: o vigor sociológico não elimina a possibilidade de alienação e ilusão.

Por isso mesmo, argumentamos que o diálogo entre ciência e teologia, ambas assumidas como formas de conhecer o Real, se torna mais necessário do que nunca. A visão de realidade da ciência (ligada a uma descrição explicativa da natureza) tem-se mostrado confiável, mas com limites epistemológicos, ontológicos, espirituais e éticos. À teologia cabe não propriamente suplementar a ciência, suprindo limites como se fosse um "tapa-buraco", mas tudo ponderar à luz da tradição e do ponto de vista de Deus e de sua revelação. Um ponto importante de contato é ver como ambas constroem "mitos_2", ou seja, atendem à capacidade de nossa espécie de narrar histórias e de contar com modelos e metáforas para emprestar certa plausibilidade a visões de realidade, que orientam o conhecer e o agir humanos.

Por fim, indicamos que esse esforço de diálogo não é uma simples promessa, ou um dever ser, mas uma realidade ainda por ser mais bem conhecida. Cabe agora lançar como desafio engajar a escola nesse processo de desvelamento, associando nele o Ensino Religioso e outras disciplinas curriculares.

Apêndice

NEWTON, Isaac. *Textos, antecedentes, comentários*. Rio de Janeiro: Ed. UERJ/Contraponto, 2002. p. 151-155.

Regra 1

Não devemos admitir outras causas das coisas naturais senão as que são verdadeiras e suficientes para explicar seu aparecimento.

Para esse fim, os filósofos dizem que a natureza não faz nada em vão, e mais inútil é aquilo que menos serve; pois a natureza satisfaz-se com a simplicidade e não exibe a pompa das causas supérfluas.

Regra 2

Portanto, a um mesmo efeito natural devemos atribuir, tanto quanto possível, as mesmas causas.

Assim é no que concerne à respiração no homem e nos animais; à queda das pedras na Europa e na América; à luz do fogo de cozinha e à do Sol; à reflexão da luz na Terra e nos planetas.

Regra 3

As qualidades dos corpos que não admitem intensificação nem redução de graus, e que se verifica pertencerem a todos os corpos ao alcance de nossos experimentos, devem ser reputadas como qualidades universais de todo e qualquer corpo.

Pois, uma vez que as qualidades dos corpos só nos são conhecidas através dos experimentos, elevemos tomar por universais todas aquelas que concordam universalmente com os experimentos; e as que não são passíveis de diminuição nunca podem ser inteiramente afastadas. Decerto não devemos renunciar à prova dos experimentos em nome de sonhos e ficções fúteis de nossa própria lavra; tampouco devemos recuar ante a analogia da natureza, que costuma ser simples e sempre coerente consigo mesma. De nenhum outro modo conhecemos a extensão dos corpos senão por nossos sentidos, tampouco estes a alcançam em todos os corpos; mas, como percebemos a extensão em todos os que são sensíveis, atribuímo-la universalmente também a todos os demais. Que a generalidade dos corpos é dura, sabemos por experiência própria; e, uma vez que a dureza do todo provém da dureza das partes, inferimos, justificadamente, a dureza das partículas indivisas não somente dos corpos que sentimos, mas de todos os demais. Que todos os corpos são impenetráveis é algo que depreendemos não a partir da razão, mas da sensação. Constatamos serem impenetráveis os corpos com que lidamos e, por conseguinte, concluímos que a impenetrabilidade é uma propriedade universal de todo e qualquer corpo. Que todos os corpos são imóveis e dotados de certa capacidade (que chamamos de inércia) de se conservarem em movimento, ou em repouso, é algo que inferimos apenas das propriedades similares observadas nos corpos que vemos. A extensão, a dureza, a impenetrabilidade, a mobilidade e a inércia do todo resultam da extensão, da dureza, da impenetrabilidade, da mobilidade e da inércia das partes; por isso, concluímos que as partículas mais ínfimas de todos os corpos também são todas extensas, duras, impenetráveis e móveis, e dotadas de sua inércia própria. E essa é a base de toda a filosofia. Ademais, que as partículas divididas mas contíguas dos corpos podem ser separadas umas das outras é uma questão de observação; e nas partículas que permanecem indivisas, nossa mente é capaz de distinguir partes ainda menores, como está matematicamente demonstrado. Mas, se as partes assim distinguidas e ainda não divididas podem ser efetivamente divididas e separadas umas das outras pelas forças da natureza, não sabemos determinar ao certo. Contudo, se dispuséssemos da comprovação, advinda de um único experimento, de que qualquer partícula não dividida, ao se romper um corpo duro e sólido, sofre uma divisão, poderíamos concluir, em virtude dessa regra, que tanto as partículas não divididas quanto as divididas podem ser divididas e, na verdade, separadas até o infinito.

Por último, se é universalmente aparente, através de experimentos e observações astronômicas, que todos os corpos ao redor da Terra gravitam para ela, e o fazem proporcionalmente à quantidade de matéria que cada um deles contém; e que a Lua, do mesmo modo, de acordo com a quantidade de sua matéria, gravita para a Terra; que, por outro lado, nosso mar gravita para a Lua; e que todos os cometas gravitam uns para os outros; e os cometas, de maneira semelhante, em direção ao Sol, deveremos, como consequência desta regra, admitir universalmente que todo e qualquer corpo é dotado de um princípio de gravitação recíproca. Pois o argumento extraído das aparências conclui com mais vigor em defesa da gravitação universal de todos os corpos do que em defesa de sua impenetrabilidade; sobre esta, entre os [corpos] que estão nas regiões celestes, não temos nenhum experimento, nem qualquer forma de observação. Não se trata de eu afirmar que a gravidade é essencial para os corpos: por força inerente neles, não me refiro a outra coisa senão a sua força de inércia. Essa é imutável. Sua gravidade diminui à medida que eles se afastam da Terra.

Regra 4

Na filosofia experimental, devemos buscar as proposições inferidas por indução geral a partir dos fenômenos, com toda a exatidão ou muito próximo da verdade, não obstante quaisquer hipóteses contrárias que possam ser imaginadas, até o momento em que ocorram outros fenômenos pelos quais elas possam ser tornadas mais exatas ou ficar sujeitas a exceções.

Esta é a regra que devemos seguir, para que não se fuja do argumento da indução por meio de hipóteses.

Referências

ARMSTRONG, Karen. *Em defesa de Deus*: o que a religião realmente significa. São Paulo: Cia. das Letras, 2011.

BARBOUR, Ian. *Quando a ciência encontra a religião*: inimigas, parceiras, estranhas? São Paulo: Cultrix, 2004.

BETTO, Frei; GLEISER, Marcelo; FALCÃO, Waldemar. *Conversa sobre a fé e a ciência*. Rio de Janeiro: Agir, 2011.

BROCKMAN, John (org.). *Grandes ideias impossíveis de provar*. Lisboa: Edições Tinta-da-China, 2008.

BROOKE, John Hedley. *Ciência e religião*: algumas perspectivas históricas. Porto: Porto Editora, 2005.

CAMURÇA, Marcelo. Religiosidades científicas hoje: entre o secular e o religioso. In: CRUZ, Eduardo R. (org.). *Teologia e Ciências Naturais*: Teologia da Criação, Ciências e Tecnologia em diálogo. São Paulo: Paulinas, 2011. p. 148-161.

COTTINGHAM, John. *A dimensão espiritual*: religião, filosofia e valor humano. São Paulo: Loyola, 2008.

CRUZ, Eduardo. *A persistência dos deuses*: religião, cultura e natureza. São Paulo: Ed. Unesp, 2004.

_______. Em busca de uma história natural da religião. In: USARSKI, Frank (org.). *O espectro disciplinar da Ciência da Religião*. São Paulo: Paulinas, 2007. p. 259-280.

_______. Diálogos e construções mútuas: Igreja Católica e Teoria da Evolução. In: SOARES, Afonso M. L.; PASSOS, João Décio (org.). *Teologia e Ciência*: diálogos acadêmicos em busca do saber. Paulinas: São Paulo, 2008. p. 65-85.

_______. Cientistas como teólogos e teólogos como cientistas. In: SOARES, Afonso M. L.; PASSOS, João Décio (org.). *Teologia e Ciência*: diálogos acadêmicos em busca do saber. Paulinas: São Paulo, 2008. p. 175-211.

_______. De "fé e razão" a "teologia e ciência/tecnologia": aporias de um diálogo e o recuperar da doutrina da Criação. In: SOTER 2009. *Religião, ciência e tecnologia*, 07-38.

_______ (org.). *Teologia e Ciências Naturais*: Teologia da Criação, Ciências e Tecnologia em diálogo. São Paulo: Paulinas, 2011.

DAWKINS, Richard. *O rio que saía do Éden*: uma visão darwiniana da vida. Rio de Janeiro: Rocco, 1996.

________. *O relojoeiro cego*: a teoria da evolução contra o desígnio divino. São Paulo: Cia. das Letras, 2003.

________. *Deus, um delírio*. São Paulo: Cia. das Letras, 2007.

ENGLER, Steven. O criacionismo. In: CRUZ, Eduardo R. (org.). *Teologia e Ciências Naturais*: Teologia da Criação, Ciências e Tecnologia em diálogo. São Paulo: Paulinas, 2011. p. 231-255.

FELINTO, Erick; CARVALHO, Mauro S. Como ser pós-humano na rede: os discursos da transcendência nos manifestos ciberculturais. *E-COMPÓS*, vol. 3 (2005), 1-17. Disponível em: <http://www.compos.org.br/seer/index.php/e-compos/article/view/37/37>. Acesso em: 16/05/2013.

GEERTZ, Clifford. *A interpretação das culturas*. Rio de Janeiro: LTC, 1989.

GOULD, Stephen J. *Pilares do tempo*: ciência e religião na plenitude da vida. Rio de Janeiro: Rocco, 2002.

GRANT, Edward. *Os fundamentos da ciência moderna na Idade Média*. Porto: Porto Editora, 2002.

HARRISON, Peter, "Ciência" e "Religião": construindo os limites. *Rever* – Revista de Estudos da Religião, vol. 7/1, mar. 2007, p. 1-33. Disponível em: <http://www.pucsp.br/rever/rv1_2007/p_harrison.pdf>.

LAMBERT, Dominique. *Ciências e teologia*: figuras de um diálogo. São Paulo: Loyola, 2002.

LEGORRETA ZEPEDA, J. J. Secularização ou ressacralização? O debate sociológico contemporâneo sobre a teoria da secularização. *RBCS*, vol. 25, n. 73, p. 129-141, jun. 2010.

MCGRATH, Alister. *O Deus de Dawkins*: genes, memes e o sentido da vida. São Paulo: Shedd Publicações, 2008.

MCMULLIN, Ernan. How Should Cosmology Relate to Theology? In: PEACOCKE, A. *The Sciences and Theology in the Twentieth Century*. Newcastle upon Tyne: Oriel, 1981. p. 17-57.

MONOD, Jacques. *O acaso e a necessidade*: ensaio sobre a filosofia natural da biologia moderna. Petrópolis: Vozes, 1972.

NUMBERS, Ronald (org.). *Galileu na prisão e outros mitos sobre ciência e religião*. Lisboa: Ed. Gradiva, 2012.

PETERS, Ted; BENNETT, Gaymon (org.). *Construindo pontes entre a ciência e a religião*. São Paulo: Loyola/Unesp, 2003.

POLKINGHORNE, John. *Explorando a realidade*: o entrelaçamento de ciência e religião. São Paulo: Loyola, 2008.

SOARES, Afonso M. L.; PASSOS, João Décio (org.). *Teologia e ciência*: diálogos acadêmicos em busca do saber. São Paulo: EDUC/Paulinas, 2008.

SOTER 2009. *Religião, ciência e tecnologia*. São Paulo, Paulinas, 2009.

TANZELLA-NITTI, Giuseppe; STRUMIA, Alberto (org.). *Enciclopédia interdisciplinar de ciência e fé*. Lisboa: Editora Verbo, 2008.

Alguns sites relevantes

WIKIPEDIA, verbete "Relação entre Religião e Ciência": <http://pt.wikipedia.org/wiki/Rela%C3%A7%C3%A3o_entre_religi%C3%A3o_e_ci%C3%AAncia>.

<http://www.ctns.org>.

<http://www.disf.org>.

<http://www.counterbalance.net/themes/sr-frame.html>.

<http://www.ianramseycentre.org>.

<http://www.st-edmunds.cam.ac.uk/faraday/index.php>.

<http://www.upcomillas.es/webcorporativo/centros/catedras/ctr/>.

Impresso na gráfica da
Pia Sociedade Filhas de São Paulo
Via Raposo Tavares, km 19,145
05577-300 - São Paulo, SP - Brasil - 2014